PLATAFORMA MULTIMODAL DE INTERCONEXIÓN CIVETURÍSTICA Y OCUPACIONAL

Adelantándonos a un futuro inimaginable

LUIS DE LA RASILLA

2022

NOTA DEL AUTOR
Símbolos

Plataforma multimodal de interconexión civeturística y ocupacional, como otras publicaciones de *proyectointersur* utiliza tres tipos de recursos que pueden activarse en un soporte digital. Los primeros, que proporcionan a la obra su carácter transmedia, y los segundos, que posibilitan la *actolectura,* requieren conexión a Internet; los terceros, que la agilizan y facilitan, no.

- Transmedia: 📁 ✂ 📷 🎥 🎬 🎵 ⓘ 🎞
- Propios de la actoescritura: iα α> ₉OPi
- Facilitadores de la lectura: **recuerda, lee+, regresa...**

El siguiente *código QR* brinda al lector la posibilidad de descargar libremente la versión digital en formato PDF.

ÍNDICE

SÍNTESIS — 9

PRESENTACIÓN Y ANTECEDENTES — 13

¿RED COSTERA MULTIMODAL DE INTERCONEXIÓN TURÍSTICA INTEGRAL? — 23

¿PLATAFORMA MULTIMODAL DE INTERCONEXIÓN CIVETURÍSTICA Y OCUPACIONAL? — 33

Diferencias. Similitudes. Algunas cuestiones conexas. Definiciones. Componentes. Objetivos. Funcionamiento. Recapitulemos. Formulación técnica.

LO QUE PUEDE QUE NO SE IMAGINEN LOS PLANIFICADORES DEL TURISMO — 55

¿Era imaginable que...? *PMICO* y *PAUTA/e*. *PAUTA/e* y *OpTA*

Anexo 1 — 63
Esquema básico de la participación fraccionada

Anexo 2 — 89
Estrategia ECOCIUDADANÍA 3.0

PAUTA/e 3.0. — 91
Plataforma para la autoformación y la acción ecociudadanas

OpTA — 127
Optimiza y personaliza tu aprendizaje

ALE, LEA — 145
Actúa leyendo, lee actuando

WIKIACCIÓN — 177
Agenda global para la acción ecociudadana

Anexo 3 — 179
Los observatorios de I+C

Anexo 4 — 189
Códigos *QR*

SÍNTESIS

El origen de la *Plataforma multimodal de interconexión civeturística y ocupacional* (en adelante *PMICO*) es la propuesta de *Red costera multimodal de interconexión turística integral de la franja litoral de la provincia de Huelva*, (*RCM*) incluida en el *Estudio previo de los accesos al corredor litoral occidental onubense y mejora de la conectividad interna* que, a finales de los noventa, la Consejería de Obras Públicas de la Junta de Andalucía encargó a *INYSUR, S.L.*

Dos décadas después, *PMICO*, concebida en el contexto coyuntural de la crisis provocada por la COVID-19 y en el horizonte de la ineludible transición global a la sostenibilidad, rediseña *RCM* y la reformula como plataforma-tipo susceptible de activarse gradualmente en cualquier área espacial que opte por ofertarse como unidad pluritemática de esparcimiento y aprendizaje. Una plataforma *sui géneris*, cuyo diseño, puesta en marcha y ejecución piloto bien podría tener lugar en la Comunidad Autónoma de Andalucía, tanto litoral, como interior.

Como aquella —y esto es esencial para su correcta comprensión— se inspira en el modelo o técnica asociativo-decisional de participación fraccionada (*MPF*). Modelo que, tras apuntar el papel crucial que en el futuro, ¿qué futuro?, desempeñará el creciente fenómeno del ocio en la profundización de la democracia, apuesta por comenzar a incorporar el componente cívico de manera natural y sugerente en los hábitos de ocio placentero de los seres humanos, en especial en el ámbito de la movilidad asociada a los desplazamientos geográficos y al turismo. Algo que va bastante más allá de lo que propone el denominado turismo experiencial o turismo de experiencias.

PMICO afronta determinadas disfunciones propias del turismo y del transporte. En relación con el primero: potenciando el papel central de la oferta turística complementaria, contrarrestando su factor de riesgo al propiciar un cambio de mentalidades que debe ser inducida por políticas activas de sensibilización cívica y de educación ambiental, en fin, apostando por un nuevo concepto de turismo de calidad en el que la prioridad sería su activa contribución a la cualificación educativa y cultural del turista y la inducción de actitudes y hábitos cívicos de sensibilidad hacia el patrimonio natural y cultural de visitantes y residentes. Con respecto al transporte, reduciendo la ocupación de suelo, la congestión, los desplazamientos en masa, el uso intensivo del vehículo particular en beneficio de un uso racional de los transportes públicos; coadyuvando a desarraigar hábitos altamente onerosos para el medio ambiente y la salud, en fin, posibilitando un campo práctico de experimentación asociado a la imparable transición energética, que es parte de la transición global a la sostenibilidad.

PMICO puede definirse como soporte viario integral y permanente de la movilidad multimodal, inducida por una oferta civeturística interconectada, en un área espacial concebida como unidad pluritemática de esparcimiento y aprendizaje. Claro que, en función del punto de vista predominante, cabrían otras definiciones: marco de promoción y apoyo integral de los poderes públicos al emprendimiento empresarial y al empleo en el ámbito de la interconexión operativa entre las actividades turística complementarias, y algunas otras, en función del aspecto particular en el que se desee poner el acento: protección de la naturaleza, conservación del patrimonio, desestacionalización de la oferta turística, fomento del civeocio, etc.

Componentes: portales de información y contratación de servicios, portales de acceso, viales o soportes de rutas, infraestructuras de alojamiento, de enlace, equipamientos, recursos, paquetes turísticos, rutas o corredores de interconexión...

Objetivos: a) proteger el medio natural y los bienes culturales involucrando activamente a residentes y visitantes; b) incrementar la calidad del tiempo de ocio o esparcimiento de la ciudadanía, al tiempo que se intensifican los procesos de autoformación y acción ecociudadanos; c) optimizar el aprovechamiento integral de los recursos humanos y materiales disponibles; d) desestacionalizar la oferta turística; e) promover innovadoras oportunidades de emprendimiento generadoras de actividad económica, empleo y autoempleo sostenibles; f) desincentivar el uso del vehículo privado; g) minimizar el uso superfluo del transporte público e incrementar el de fuentes de energía no contaminantes; h) propiciar una mayor seguridad vial; i) alentar el flujo de intercambios turísticos entre espacios limítrofes, tanto interiores, como exteriores; j) cimentar la consolidación de redes de nuevos intereses económicos, sociales y culturales que contrarresten la tradicional posición dominante del capital inmobiliario; y tantas otras, como facilitar las prácticas deportivas de toda índole, conservar y revitalizar las tradiciones artesanales, dar a conocer la agricultura y la ganadería de la zona, reforzar el comercio de cercanía, etc., sin descartar su anticipación a futuras demandas hoy casi inimaginables.

Recapitulemos. Una invitación a los poderes públicos para que, en una unidad espacial y/o administrativa —por ejemplo, una provincia andaluza, o varias, o todas— se decidan a lanzar, en época de crisis tan aguda, un innovador y contundente programa de apoyo al sector turístico y, más concretamente, al sector específico del turismo complementario. Acción dirigida esencialmente a incentivar la apuesta de los emprendedores por una interconexión multimodal de la oferta de sus productos turísticos, entendida ésta como factor de calidad y diversificación, que maximice el aprovechamiento de los recursos y el grado de satisfacción derivados de su disfrute. En concreto: poner a disposición de los potenciales emprendedores, tras los estudios técnicos correspondiente, de cuantas infraestructuras y otros medios de apoyos fuesen necesarios.

PRESENTACIÓN Y ANTECEDENTES

La propuesta de plataforma multimodal de interconexión civeturística y ocupacional (en adelante *PMICO*) tiene su origen en la que formulé hace veinte años: *Red costera multimodal de interconexión turística integral de la franja litoral de la provincia de Huelva,* incluida en el *Estudio previo de los accesos al corredor litoral occidental onubense y mejora de la conectividad interna*[1] que la Consejería de Obras Públicas de la Junta de Andalucía encargó a la consultora *INYSUR,* S.L. El presente texto, concebido en el contexto de la crisis generalizada provocada por la COVID-19, la rediseña y reformula como plataforma-tipo susceptible de activarse en cualquier área espacial que opte por ofertarse como unidad pluritemática de esparcimiento y aprendizaje. Activación piloto que bien podría tener lugar en el seno de la Comunidad Autónoma Andaluza, tanto litoral como interior, en el ámbito del Plan General de Turismo Sostenible de Andalucía META 2027.[2]

CIVETURISMO

Variante del civeocio en el ámbito de la actividad turística.

CIVEOCIO

(C*ive*, del latín *civicus*, de *civis* relativo al ciudadano y ocio, del latín *otium*). Modalidad genérica de ocupación del tiempo libre orientada adrede a implementar, en mayor o menor grado, la instrucción y el ejercicio del civismo.

La idea inicial surgió en el ámbito de la *Estrategia ECOCIUDADANÍA 3.0.* promovida por *proyectointersur.org (Proyecto no gubernamental para la innovación política y la ecociudadanía)*. ⚔ Una estrategia a largo plazo, integrada por las iniciativas *Plataforma para la autoformación y la acción ecociudadanas (PAUTA/e 3.0), Optimiza y personaliza tu aprendizaje (OpTA)* —también denominada *Interuniversidad abierta*—, *Actúa leyendo, lee actuando (ALE, LEA)* y *Agenda virtual de sugerencia para la acción (WIKIACCIÓN)*, a la que ahora se añade PMICO.[3]

Todas ellas concebidas para propiciar los imprescindibles procesos colectivos de información, reflexión, experimentación y desarrollo colaborativos del modelo o técnica asociativo-decisional de participación fraccionada (MPF)[4] que vengo proponiendo desde finales de los noventa. Y dado que no es mi intención exponer ahora en qué consiste el referido modelo, cuyo esquema básico incluyo en el anexo 1, sí aludiré brevemente al razonamiento que me llevó en su momento a pergeñar *RCM* y, ahora, *PMICO*.

ECOCIUDADANÍA

Del griego oixo, que significa casa, morada, ámbito vital... y ciudadanía, condición del nacional de un Estado, sujeto pleno de derechos y deberes, facultado para intervenir en su gobierno. Es la condición de todo ser humano, titular de una parte alícuota de la soberanía mundial, legitimado para participar, con independencia de su adscripción nacional en cualesquiera asuntos públicos en pro del desarrollo humano de todos los habitantes del planeta, mediante la satisfacción de sus necesidades, sin comprometer el de las futuras generaciones.

MODELO DE PARTICIPACIÓN FRACCIONADA (MPF)

Técnica asociativo-decisional inédita que, por la interacción de las modalidades de asociacionismo y de participación extremadamente flexibles que propicia y la incorporación explícita de componentes cívicos o republicanos en los hábitos placenteros de los seres humanos, asociados a su creciente movilidad real o virtual, es susceptible de inspirar instrumentos políticos de nueva generación, aptos para estimular exponencialmente la autoformación y la acción ecociudadanas de modo directo, generalizado, eficiente, en condiciones de autonomía y pluralismo y sin restricción alguna.

AUTOFORMACIÓN Y ACCIÓN ECOCIUDADANA (AAE)

Proceso interactivo permanente de enseñanza-aprendizaje cívico y de participación creciente en la defensa de la *res publica* mundial, mediante el que los ciudadanos y las ciudadanas, insertos en un sistema global interdependiente y de frágil y precario equilibrio, cobran conciencia de su pertenencia a la sociedad sostenible y de responsabilidad colectiva, adquieren los conocimientos, los valores, las competenciasy la experiencia para ejercer la ecociudadanía con todos los medios disponibles y se afanan en perseverar en su práctica.

Un error de perspectiva

Tras tratar de imaginar el futuro de la ciudadanía y de la democracia a la luz de las posibilidades abiertas por esa incipiente panacea tecnológica de la nueva sociedad del conocimiento, concluí que, por sí solos, tales avances no permitirían superar la sólida barrera de la sempiterna dominación del poder. Que limitarse a asociar los progresos de la infocomunicación —y el incremento en progresión geométrica de los ciudadanos con acceso a ellos— a la mera emisión del voto, a distancia y en cualquier momento, constituía un error de perspectiva que no haría más que resaltar el espejismo de una participación ciudadana estéril a la postre. Es más, me convencí de que la propia acción periódica de votar acabaría resultando superflua en el futuro ejercicio del republicanismo global si pudiese ser sustituida por innovadoras prácticas permanentes de iniciativa y control ecociudadanos, propiciadas por el recurso generalizado a nuevas herramientas políticas que los avances tecnológicos ya permiten concebir. Una sustitución ventajosa si generaba un incesante, permanente y omnipresente flujo de oportunidades de autoaprendizaje y participación susceptibles de transformarse en impulsos y acciones con incalculables efectos sociales agregados.

REPUBLICANISMO
De *res pública*, que es distinta de *res privata* o cosa privada y de *res institutionale* o cosa institucional. El republicanismo concibe la sociedad civil como una profundización en la democracia a través del protagonismo de los ciudadanos.[5]

REPUBLICANISMO GLOBAL
Republicanismo ejercido con actitud ecociudadana.

ACTITUD ECOCIUDADANA
Alternativa, responsable, solidaria y comprometida con la definición, formulación y defensa de los intereses comunes de los seres humanos. Acto político legítimo de profundización democrática y de emancipación ciudadana, coherente con el hecho histórico de la globalización, asociado al derecho y al deber de participar directamente en la *res pública* planetaria o comunidad internacional en su conjunto.

Fui consciente de que la disposición de tales útiles dependía del ingenio y de la habilidad para aplicarlos al campo de la ingeniería política y desarrollar, a partir de la mutua interrelación de ambas tecnologías —la infocomunicativa y la política— modelos asociativos-decisionales de nueva generación aptos para potenciar exponencialmente la *AAE* de la sociedad civil y reorientarlas hacia la promoción y la defensa de los intereses globales de los seres humanos. Esto es, poner la combinación inteligente de ambas al servicio de la autoformación y de la acción republicanas.

La expectativa —puede que no tan lejana— de sustitución del actual modelo energético piramidal, basado en los combustibles fósiles, por otro alternativo de estructura horizontal, que proporcione energía eficaz en condiciones de fácil disponibilidad, escaso precio y nulo impacto ambiental, asociado a los avances tecnológicos en el campo, entre otros, de la infocomunicación y la robótica, conllevaría, como ha apuntado Rifkin,[6] la posibilidad real de producir bienes y servicios para todos los seres humanos con sólo una mínima parte de la fuerza de trabajo requerida en la actualidad. Personalmente creo que en el futuro, ¿qué futuro?, ¿cómo saberlo?, la Humanidad, como predijo el propio John M. Keynes, en su *Essays in Persuasion,* deberá afrontar como problema global la utilización de su nueva independencia con respecto a las preocupaciones económicas y, en consecuencia, replantearse la existencia —y el nuevo rol en el planeta Tierra, ¿en el propio Universo?—, de un nuevo *homo ociosus* generalizado.

La transformación del tiempo libre en ocio

Ya en nuestra época, la transformación del tiempo libre en ocio, mediante el recurso a una innumerable gama de actividades de consumo generadoras de movilidad —real y virtual— cada vez más insospechada, propicia un nuevo y potente espacio de socialización cuyas casi inimaginables potencialidades, buenas, indiferentes o perversas, no deberían despreciarse por muy lejanas o utópicas que puedan antojársenos.

De ahí que me cuestionase si sería viable comenzar a encauzar deliberadamente el tiempo libre, del que ya dispone en proporción creciente una parte significativa de los seres humanos, hacia un modelo de ocio autoinstructivo que potenciase el republicanismo global y reconduciese progresivamente la larga evolución del *homo depredator, cultor, faber, creator, ociosus* hacia el *homo republicanus*. Un flamante y generalizado *homo republicanus,* utópico hoy, tangible mañana, capaz de substituir esa *"democracia exclusiva y excluyente y, sistemáticamente, hecha el objeto de abusos deshonestos por parte de esas máquinas de marketing ideológico en que han devenido los partidos políticos"* [7] por el ejercicio responsable y generalizado de una democracia ecociudadana directa en la que los nuevos ecociudadanos, dotados de los útiles políticos adecuados, asuman el papel usurpado por sus poco escrupulosos y nada eficientes representantes políticos: *"Resabiados mercachifles del pasteleo, encorbatados animales burlescos que recorren los pasillos del Parlamento haciendo de la política el desconsuelo de los justos"*.[8]

Ocio y democracia

Entre los muchos argumentos que se esgrimen para desaconsejar la democracia directa se encuentran, como es sabido, la ausencia de estímulos y la falta de tiempo para participar activamente en la vida política. Por eso, al comparar nuestra actual sociedad postmoderna con eventuales escenarios del lejano porvenir de nuestra especie reparé en el papel que podría llegar a desempeñar el creciente fenómeno del ocio en la profundización de la democracia. La clave, me dije, podría estar en comenzar a incorporar el componente cívico o republicano de manera natural y sugerente en los hábitos de ocio placentero de los seres humanos, en especial en el ámbito de la movilidad asociada a los desplazamientos geográficos y al turismo, pero también en otros, como el estudio, la lectura y la creciente omnipresencia ante nuestras ventanas conectadas a Internet. Y entonces, al caer en la cuenta de que el coste del ocio lo asume quien lo disfruta, comprendí que tal alianza no sólo constituiría una excelente ocasión y un sugestivo estímulo para los procesos personales permanentes de enseñanza-aprendizaje de la dimensión cívica y para el propio quehacer republicano global, sino una inagotable fuente de autofinanciación, garante de la imprescindible dosis de autonomía que ambas actividades exigen.

Así las cosas, no debe sorprender que entre los principios que operan en el *MPF* (operacionales —de cooperación, complementariedad, publicidad y conectividad—; motivadores —de afectación directa y ecociudadanía—; moduladores —de aquiescencia pactada, cohabitación cooperativa, rol variable, liderazgo abierto y confidencialidad opcional) se encuentren los que denomino principios instrumentales de *ecociveocio* y *ecociveturismo*. Principios responsables de posibilitar que el *MPF* asocie la instrucción y la autoinstrucción cívicas y el ejercicio del derecho de participación al creciente fenómeno del ocio y, especialmente, al de la movilidad vinculada al turismo, generando *civeocio, civeturismo, ecociveocio* y *ecociveturismo*.

ECOCIVEOCIO

(*Eco*, del griego *oixo* —casa, morada, ámbito vital— para resaltar el ámbito planetario común de los seres humanos; *cive*, del latín *civicus*, de *civis* relativo al ciudadano y ocio del latín *otium*). Modalidad de civeocio que incorpora la dimensión global o ecociudadana.

ECOCIVETURISMO

Modalidad de civeturismo que integra la dimensión global o ecociudadana.

Dadas las características innatas del fenómeno del ocio y, en particular, de la movilidad asociada al turismo, su aprovechamiento para promover procesos de instrucción y de autoinstrucción cívicas y de ejercicio, individual y colectivo, del derecho de participación política constituye un elemento esencial del *MPF*. Algo, dicho sea de paso, que, sin quitarle el valor que tiene, va bastante más allá de lo que propone el denominado turismo experiencial o turismo de experiencias. En concreto, tres de ellas resultan esenciales: su innato atractivo, la autofinanciación y el desplazamiento espacial que conllevan. En efecto, al tratarse de opciones de disfrute que las personas sufragan con sus propios medios, no sólo se asegura su atractivo (efecto colección autoexpansivo), sino la voluntaria autofinanciación de las actividades asociadas de instrucción y ejercicio del derecho de participación política. Dos elementos, ¡qué duda cabe!, que proporcionan una fórmula ideal para resolver dos interrogantes clave: ¿cómo incorporar de manera natural la dimensión cívica en los seres humanos? y ¿cómo dotar al *MPF* de las condiciones de autonomía y pluralismo que exige el aprendizaje y el ejercicio de la participación política? Por su parte, el desplazamiento espacial es básico para afrontar la dispersión, el enfoque intercultural y la multiubicuidad de los asuntos públicos objeto de interés ecociudadano.

Tras esta breve presentación que, insisto, pretende explicar el íntimo nexo entre *PMICO* y la citada estrategia, concebida, como he dicho, para propiciar los imprescindibles procesos colectivos de información, reflexión, experimentación y desarrollo colaborativos del referido modelo o técnica asociativo-decisional de participación fraccionada (MPF), recordaré el meollo de la propuesta original de *Red costera multimodal de intercone-*

xión turística integral en la franja litoral de la provincia de Huelva, explicaré su transformación en la actual, en qué consiste y cómo operaría en la práctica.

¿RED COSTERA MULTIMODAL DE INTERCONEXIÓN TURÍSTICA INTEGRAL?

No debe olvidarse que en aquellos años la necesidad de reestructurar y ampliar la red viaria venía impuesta, en gran medida, por la abultada suma de errores y la falta de planificación de los núcleos turísticos existentes. Y es que, como había ocurrido en franjas litorales próximas, el paso de los años ponía de relieve la insuficiencia de la misma para satisfacer la demanda de núcleos turísticos de nueva planta cuya construcción había incentivado. De ahí mis dos primeras preguntas:

> ¿En qué medida las decisiones que se adopten en el actual proceso de reestructuración de la red viaria van a estimular al capital inmobiliario especulativo y a los intereses dominantes de la construcción a proseguir su ilimitada avaricia urbanizadora del espacio natural?

> ¿Pueden las decisiones que se adopten en el proceso de reestructuración y modernización de una red viaria contribuir a frenar la presión inmobiliaria delimitando el crecimiento urbano de los núcleos turísticos entre unos parámetros de densidad razonables, favorecer el desarrollo sostenible y comprometer a políticos, empresarios, residentes y visitantes en la conservación del patrimonio natural y cultural?

Y propuse intervenir en tal proceso para que:

> Sirviese de soporte y de incentivo a una oferta turística complementaria que potencie la ecociudadanía, a través de una red costera multimodal de interconexión *ad hoc* entre el Parque Nacional de Doñana y el Parque Natural da Ría Formosa. Y, muy concretamente y con carácter piloto, en el tramo de la franja litoral española comprendido entre la desembocadura del Río Guadiana y el Parque Nacional.

La oportunidad parecía apropiada.

El proceso de reestructuración y modernización de la actual red viaria del litoral de la provincia de Huelva acometido por la Junta de Andalucía, constituye una excelente oportunidad —tal vez la última— de apostar decididamente por intervenciones antrópicas en el territorio que sean profundamente respetuosas con los valiosos ecosistemas en presencia, asuman responsablemente las ineludibles exigencias que impone el desarrollo sostenible, potencien el atractivo turístico de la zona incentivando una oferta turística complementaria innovadora y coadyuven en la tarea colectiva de fomentar la ecociudadanía.

Se trataba de proteger una franja litoral transfronteriza de gran valor ambiental. Y es que, como es sabido, aunque nunca está de más recordarlo:

La protección de los espacios litorales húmedos constituye un elemento vital para el progreso. Imperativos de diversa índole han sido olvidados en demasiadas ocasiones con graves consecuencias para el patrimonio natural y cultural. Imperativos biológicos, relacionados con su condición de productores de excepcional riqueza; imperativos culturales, generadores de salud y bienestar e imperativos económicos, soporte de múltiples actividades productivas y de servicios, entre las que se encuentra el turismo, respaldan sólidamente esta afirmación.

La franja costera de las provincias de Cádiz, Huelva y del Algarve portugués constituye la zona ecológicamente más interesante del litoral sur de la Península Ibérica, tanto por el grado de conservación, como por el interés de los ecosistemas en presencia. Sin embargo, ni las actitudes oficiales y ciudadanas con respecto a la defensa del patrimonio natural y cultural, ni la protección realmente dispensada al espacio, ni el grado de conservación o el nivel de amenaza es homogéneo en el área.

Y esta era la justificación alegada:

> La importancia de orden biológico, económico y cultural de la unidad ambiental que, desde la desembocadura del río Guadalquivir se adentra en el sotavento algarvío, justifican nuestra propuesta general: que se instrumente una estrategia conjunta hispano lusa de protección activa de esta franja litoral que encuentre en la sensibilización cívica y medioambiental de los residentes y visitantes la principal garantía de conservación de su patrimonio natural y cultural.

Y a pie de página apuntaba:

> Habría importantes razones de diversa índole que justificarían el mutuo interés hispano-luso: desde la exigencia lógica de articular la protección conjunta de la totalidad de la franja litoral transvasando hacia poniente (Marismas del Odiel, del Piedras, del Carrera, Isla Canela y Parque Natural da Ría Formosa...) la sensibilidad alcanzada en Doñana, hasta la utilidad de potenciar la complementariedad transfronteriza. Por ejemplo, la gravísima situación de acoso al Parque Natural da Ría Formosa y la aparente ausencia en el país vecino de contrapesos eficaces, podría encontrar freno en este proceder...

No obstante, el marco en el que debía inscribirse esta iniciativa —el trazado y ubicación de los accesos al corredor litoral occidental onubense y la mejora de la conectividad interna del mismo— aconsejaron que:

> La reflexión se centrase en el tramo de la franja costera situada entre Ayamonte y Matalascañas, dejando para

otra ocasión su conexión lógica hacia poniente que nos parece imprescindible.

El objetivo que me propuse entonces fue:

> Contribuir con una propuesta innovadora que propiciase el desarrollo sostenible de la zona, sirviendo de soporte y de incentivo a una oferta complementaria de servicios turísticos de calidad susceptible de potenciar la ecociudadanía.

Es obvio que no se logró. Y era lógico —de una lógica aplastante— que así fuese. El estudio lo financiaba la Consejería de Obras Públicas y se trataba de construir carreteras, de las características y trazados más convenientes, sí, pero a la postre de construir carreteras. Y nuestra red viaria multimodal iba de lo contrario: posibilitar una interconexión potenciadora de una movilidad sostenible. Más precisamente: se concebía como un conjunto de haces interconectados, horizontales, verticales y en peine, ninguno de ellos carreteras *estricto sensu*, integrados *ex profeso* en una red o marco, a modo de *parque litoral multitemático integrado y abierto,* como efectivo disuasor del uso del vehículo privado.

Pero, ¿qué era una red costera multimodal de interconexión turística integral?

> Un conjunto viario disperso; formado por diversos itinerarios heterogéneos, no necesariamente contiguos; que componen una red de comunicaciones discontinua, cuya integración física se efectúa a través de diversos equipamientos e infraestructuras de enlace; y su interconexión operativa, a través de la gestión ecoempresarial de los recursos asignados a los múltiples corredores turísticos que soporta.

Mencionaba sus componentes esenciales y definía el concepto de corredor turístico.

Conjunto ordenado de las diversas iniciativas de explotación ecoempresarial a las que sirve de soporte, total o parcialmente, la red costera multimodal y proporciona a éste su interconexión turística operativa.

Y, dado que estos podían ser muy diversos, ofrecía una primera clasificación de los mismos: corredores educativo-ambientales, corredores deportivos, corredores culturales, corredores religiosos, corredores comerciales y de promoción de productos locales, corredores seguros para la *"movida"* juvenil, corredores virtuales mediante el empleo de los recursos de la moderna infotelecomunicación, etc. Enumeraba las diversas funciones de la RCM que, —aclaraba— en determinadas condiciones de diseño, equipamiento, señalización, promoción y organización, bien podría conformar un original parque litoral multitemático abierto.

Objetivos

— Proporcionar una alternativa atractiva, innovadora y sostenible a la poco consistente demanda actual de nuevas vías de comunicación costera basada esencialmente en la construcción de una plataforma ininterrumpida para el tráfico rodado que pudiere exigir la construcción de nuevos puentes en el Piedras o en el Carreras o invasión de áreas de gran interés como los pinares del municipio de Cartaya etc.

— Dotar a la costa onubense de un adecuado soporte para estimular el desarrollo de una variada oferta turística complementaria y facilitar una interconexión ecoturística y turístico educativo ambiental que potencie el conjunto de los recursos disponibles.

— Facilitar el flujo y el intercambio turístico entre el Algarve y el litoral onubense, potenciando una futura prolongación de esta RCM hacia el Parque Natural da Ría Formosa.

— Proteger una unidad ambiental costera que incluye, además de los parques citados, importantes parajes naturales protegidos como el Sapal de Castro Marín, las Marismas de Isla Canela y del río Carreras, las Marismas del Tinto y del Odiel, los Enebrales de Punta Umbría, las Lagunas del Portil, Palos, las Madres, las Dunas del Asperillo etc. Una unidad ambiental transfronteriza de gran atractivo ecoturístico, constituida por extensas playas, lagunas peridunares, sistemas dunares fijos y móviles, marismas mareales y estacionales, flechas litorales, penínsulas e islas barrera, de enorme interés ecológico y gran atractivo ecoturístico.

— Facilitar la ordenación de los accesos a las zonas húmedas, minimizando el impacto antrópico.

— Desincentivar el uso del vehículo particular durante los periodos vacacionales de residentes y visitantes, potenciando una movilidad menos agresiva en términos de necesidad de ocupación del suelo (carreteras, aparcamientos, puentes etc.), de contaminación de todo tipo —acústica incluida—, de congestión de tráfico, de ahorro energético etc.

— Propiciar una mayor seguridad vial a residentes y visitantes.

— Generar empleo y actividad económica, estimulando la creación de múltiples nuevas empresas de servicios que dinamizarían los corredores turísticos a los que la RCM serviría de soporte.

— Estimular la aparición de nuevos intereses económicos, sociales y culturales que debiliten la peligrosa posición dominante del capital inmobiliario más agresivo con los recursos de la franja litoral.

— Potenciar el turismo no estacional.

— Estimular la ecociudadanía entre residentes y visitantes con todo lo que, a la larga, ello comporta de desarrollo humano, calidad y bienestar.

Enumeraba los fundamentos de las actuaciones acometidas por *proyectointersur.org*

— Las acciones llevadas a cabo en favor del medio ambiente no han logrado invertir las tendencias negativas del pasado: el medio ambiente continúa deteriorándose.

— El modelo actual de muchos sectores de la actividad industrial, agrícola, del transporte, del turismo, la energía etc. no podrá seguir manteniéndose así indefinidamente, dado que no son modelos sostenibles y, en consecuencia, no deben ser legados de este modo a las futuras generaciones.

— Los representantes políticos no podrán resolver tan complejo y grave problema por sí mismos con el recurso exclusivo a los medios legislativos.

— La acción debe implicar el sentido de responsabilidad de los ciudadanos y de los actores del desarrollo.

— Situaciones de complejidad e incertidumbre crecientes obligan y obligarán a idear enfoques alternativos y a adoptar actitudes innovadoras que resultará imposible llevar a cabo sin el apoyo decidido de la ciudadanía. Apoyo que será incierto, dado que la resistencia al cambio y el miedo a lo desconocido constituyen un entorno desfavorable.

— Sólo el acceso, a través de la educación, a la naturaleza de los fenómenos globales permitirá a los ciudadanos adquirir la convicción de que lo está en juego es la supervivencia de la especie humana.

— Invertir las tendencias negativas que impiden detener el deterioro del medio ambiente exige que la ciudadanía introduzca la dimensión ambiental en su quehacer cotidiano y modifique sustancialmente sus actitudes y comportamientos insolidarios.

— Que sin una adecuada formación ambiental basada en el conocimiento de los ecosistemas, los factores éticos y socioeconómicos que rigen las relaciones entre el hombre y el medio ambiente, poco o nada cabe pedirle al sentido de responsabilidad de los ciudadanos. Es imprescindible diseñar colectivamente y ejecutar una estrategia de ingeniería social innovadora a medio y largo plazo que impulse a gran escala la ecociudadanía.

— La estrategia, para ser viable, debe reunir una serie de características irrenunciables entre las que destaca: su carácter internacional, no gubernamental, no partidario, plural, democrático y federalista, su independencia de los poderes fácticos y su total apertura al diseño y a la ejecución colectiva por parte de la ciudadanía.

— Su puesta en marcha exige promover la agrupación de ciudadanos y actores del desarrollo —ecociudadanos y ecoempresarios— que puedan encontrar, en una nueva alianza para la ecociudadanía, ventajas comparativas para sus actividades y expectativas personales, laborales y/o empresariales.

Y concluía con diversas sugerencias de tareas a realizar para su diseño y ejecución:

De inventario:

— Inventario general de itinerarios terrestres disponibles susceptibles de formar parte, tras las adecuaciones pertinentes, del trazado del núcleo/eje principal de la RCM.

— Inventario general de itinerarios terrestres susceptibles de constituir, tras las adecuaciones pertinentes, los componentes secundarios de los diversos tramos de la RCM.

— Inventario general de itinerarios no terrestres susceptibles de constituir los trazados de los componentes secundarios no terrestres de la RCM.

— Inventario general de los componentes de enlace de la RCM, esto es, de las infraestructuras y equipamientos de enlace actualmente disponibles que, debidamente adaptados, se incorporen al mismo.

— Inventario general de recursos y servicios disponibles susceptibles de integrarse en los diversos corredores turísticos a los que serviría de soporte la RCM.

De diseño o rediseño:

— Selección, rediseño, adaptación e interconexión de los elementos de todo tipo actualmente disponibles para constituir la RCM.

— Diseño y encaje de los nuevos viales, terrestres o no, que deben incorporarse a la RCM para completarlo.

— Diseño y encaje de los nuevos componentes de enlace que formarán parte de la RCM.

— Concepción general de los diversos corredores turísticos a los que serviría de soporte la RCM.

— Incorporación de la oferta turística complementaria actualmente disponible a la RCM.

— Concepción de los nuevos componente de la oferta turística complementaria requeridos para poner en funcionamiento o mejorar la gama de los corredores turísticos soportados por la RCM.

— Concepción global de su diseño final y de las características de una señalización atractiva y homogénea, que estimule su uso y posibilite su fácil identificación; la correcta utilización de todos sus corredores; la fácil comprensión de las diversas interconexiones turísticas; así como los diversos puntos de acceso a sus diferentes tramos, desde los núcleos turísticos, desde las vías principales paralelas a la costa y desde los viales en peine de penetración en el litoral.

¿PLATAFORMA MULTIMODAL DE INTERCONEXIÓN CIVETURÍSTICA Y OCUPACIONAL?

Explicaré en qué consiste y apuntaré cómo funcionaría en la práctica. Diré, de entrada, que entre la actual propuesta de plataforma multimodal de interconexión civeturística y ocupacional (*PMICO*) y la anterior de red costera multimodal de interconexión turística integral en la franja litoral de la provincia de Huelva hay diferencias y similitudes.

Diferencias

— El concepto, puesto que ahora no se trata de una red, sino de un armazón de redes interconectadas que conforman una peculiar plataforma.

— Su dimensión territorial, mayor ahora. Y su ubicación, ya no circunscrita a una parte o zona de una unidad administrativa.

— El contexto en el que surge, presidido hoy por la gran crisis sanitaria y económica derivada de la pandemia de *COVID-19.*

— El mucho menor, incluso ínfimo, requerimiento de nuevas infraestructuras, puesto que en las dos últimas dos décadas, las provincias andaluzas y las de las restantes comunidades autónomas, así como Ceuta y Melilla, se han dotado de la mayor parte de las que pudiesen ser necesarias a los efectos que nos ocupan.

— La más amplia variedad y disponibilidad de una oferta de actividades de turismo complementarias.

— La existencia de nuevos y potentes medios informáticos facilitadores de la interconexión operativa de la oferta de recursos turísticos disponibles, aunque deben ser reforzados mediante modernas infraestructuras de digitalización.[9]

— La presente necesidad urgente de generar nuevas oportunidades de emprendimiento y empleo y la presumible mayor disposición de los poderes públicos actuales a incentivar un emprendimiento empresarial dirigido a promover una movilidad sostenible desincentivando el uso del vehículo privado, optimizando el transporte público, diversificando, cualificando y desestacionalizando la oferta turística.

Similitudes

— El mantenimiento de los objetivos esenciales, como el fomento del emprendimiento y del empleo en un contexto de defensa de la naturaleza y de lucha contra el cambio climático, apostando por desactivar el empleo del vehículo privado, racionalizar la utilización de los transportes públicos y desestacionalizar la oferta turística.

— El recurso a vías similares para alcanzarlos, entre las que destaca la firme voluntad de involucrar a la ciudadanía en un creciente proceso de adecuada y permanente autoformación y acción ecociudadana.

— La apuesta por el fomento de la ecociudadanía, al seguir apostando, allí donde resulte posible, por su carácter transfronterizo.

— La inclusión de corredores específicos que incorporan novedosos componentes de iniciativa y control ecociudadanos —*observatorios de I+C*— potenciados por las inéditas modalidades de asociacionismo —*asociacionismo blando*— y de participación —*participación a la carta*— diseñadas y promovidas en el ámbito de *proyectointersur.org* que el lector interesado puede consultar en los anexos.

OBSERVATORIO DE INICIATIVA Y CONTROL
U observatorio PF, observatorio de I+C o, simplemente, observatorio, es un soporte virtual *ad hoc* para el ejercicio, individual y colectivo de las funciones ecociudadanas de iniciativa y control, mediante la técnica asociativo-decisional de participación fraccionada (PF).

EJERCICIO DE OBSERVATORIO DE I+C
Actividad de autoformación y acción ecociudadanas (AAE) programada adrede para el desempeño de la función de iniciativa y control (I+C) en el seno de un determinado observatorio.

ASOCIACIONISMO BLANDO
Nueva dimensión del hecho asociativo que trasciende la tensión del asociacionismo convencional a la institucionalización, cualquiera que sea su grado, al posibilitar que la mera voluntad de afrontar un determinado asunto de interés público constituya un hecho asociativo.

PARTICIPACIÓN A LA CARTA
Nueva dimensión del quehacer participativo que sustituye los habituales procesos formales de adopción y ejecución de decisiones, basados en el acuerdo mayoritario, por procesos que permiten aprovechar la previa desagregación del quehacer participativo en oportunidades susceptibles de transformarse en impulsos que se agrupan y ordenan complementariamente como acciones.

Algunas cuestiones conexas

PMICO afronta determinadas disfunciones propias del turismo y del transporte. Con respecto al primero:

— Potenciando el papel central de la oferta turística complementaria. Es demasiado frecuente caer en el error de pensar que el papel de la industria turística se limita a proporcionar alojamientos. Esto, que en definitiva se debe a una falta de entendimiento del sector turístico como sector industrial productor de servicios que van más allá de la habitación, se ve reflejado cuando se sigue considerando la oferta de actividades de ocio, como complemento de apoyo para el sostenimiento y desarrollo de la de alojamiento. De ahí su denominación habitual de oferta turística complementaria. Lo cierto es que la necesaria diversificación del producto turístico descansa en dicha oferta complementaria, hasta el punto de que su debilidad, desfase o inadecuación constituyen una de las principales causas de la crisis del sector. En las zonas turísticas, se ha dicho,[10] ni los visitantes —ni siquiera los residentes— residen, simplemente se alojan. La conclusión es clara: el argumento principal de orden espacial y uso social no es la vivienda, sino las actividades. La oferta complementaria sería espacial y empresarialmente dominante, mientras que el alojamiento el uso secundario necesario para mantener las actividades de ocio. El consumo turístico sería el consumo de actividades. La disponibilidad efectiva de actividades es complementaria del alojamiento, pero necesariamente inseparable. El hecho cierto es que aun brilla por su ausencia una firme apuesta que valore debidamente el turismo como espacio productor de servicios o, más precisamente, que esta oferta turística complementaria continúe constituyendo un producto turístico rara vez coordinado o interconectado con las propuestas de los restantes operadores turísticos de la zona. Una sorprendente situación que aspira a corregir PMICO.

— Contrarrestando su factor de riesgo al propiciar un cambio de mentalidades. El turismo moderno se ha configurado como una exigencia social que requiere la preservación y, en muchos casos, la reconquista del espacio. Y si una política de abandono y destrucción de determinados parajes naturales en beneficio de intereses especulativos constituye un atentado al derecho del ciudadano —residente o turista— a disfrutar de la Naturaleza, no es menos cierto que tales actuaciones minarían, antes o después, las oportunidades para un desarrollo turístico sostenible de la zona. De ahí el consenso creciente en torno a la necesaria protección concertada garante del respeto a todos los intereses legítimos, presentes y futuros, en presencia. El turismo, como se suele recordar en los textos que lo tratan, no acarreó en sus comienzos, a finales del siglo XIX, graves consecuencias destructoras en los contados espacios en que los que se manifestó y, menos aún, en el caso del litoral, en las marismas o humedales, que siempre resultaron poco compatibles con la salud. Sin embargo, la elevación del nivel de vida que posibilita un turismo de masas, apoyado en la progresiva extensión de la red de carreteras, su transformación en grandes autovías y autopistas y las nuevas posibilidades de desplazamiento ofrecidas por el automóvil, incluida la incursión en lugares antes inaccesibles a bordo de todo tipo de vehículos todo terreno, han propiciado en las últimas décadas una ocupación agresiva del territorio sin precedentes. El corolario es claro: el turismo, transformado en presión turística dinámica y agresiva, alimentada por grandes intereses inmobiliarios, en un clima de escasa información y sensibilización ambiental de los ciudadanos, es un factor de riesgo para los espacios naturales del litoral. Esto es sabido, como lo es la necesidad de contrarrestarlo activamente con políticas de protección no menos dinámicas y, de ser menester, ¿por qué no?, agresivas.

— Fomentando el cambio de mentalidades. La dificultad esencial estriba en que esas políticas razonables que permitan preservar el medio natural, garantizando al mismo tiempo el desarrollo humano de los habitantes y la calidad del tiempo de esparcimiento de los turistas, requieren el cambio general de mentalidades de todos los actores en presencia. De ahí el fundamento de las actuaciones acometidas, durante más de dos décadas, por *proyectointersur.org* que está en la base, tanto de la anterior, como de la actual propuesta. Y es que se nos antoja obvio que la necesaria conciliación entre conservación de la naturaleza y el desarrollo turístico requerirá una paulatina implicación de los ciudadanos —¿ecociudadanos?— que sólo puede ser inducida por políticas activas de sensibilización cívica y de educación ambiental o, siendo más ambiciosos, de lo que he denominado autoformación y acción ecociudadanas (AAE). La cuestión estriba en reflexionar sobre si debe esperarse a que los ciudadanos accedan a ese umbral de educación incentivadora del cambio de mentalidades sólo a través de los procesos de enseñanza-aprendizaje formales o si, además, es imprescindible estimular dichos procesos mediante estrategias e instrumentos *ad hoc* permanentes y no reglados, encauzados mediante nuevas modalidades de turismo activo —*cive-ocio, civeturismo, ecociveocio* y *ecociveturismo*— incentivadas por los poderes públicos, las organizaciones no gubernamentales y un sector innovador del empresariado turístico que encuentre en esa especie de nueva alianza para la ecociudadanía que propugnamos ventajas comparativas para un emprendimiento coordinado, insisto, coordinado, en materia de oferta turística complementaria.

— Apostando por un nuevo concepto de turismo de calidad en el que la prioridad, frente al tradicional criterio del alto poder adquisitivo, sería su activa contribución a la cualificación educativa y cultural del turista y la inducción de actitudes y hábitos cívicos de sensibilidad hacia el patrimonio natural y cultural de visitantes y residentes. ¿Un turismo de calidad? La disponibilidad en el mercado de productos y servicios ecoturísticos que incorporen las variantes más específicas citadas tendrían un correlato lógico: el creciente peso de la presencia de un turismo de calidad. Calidad que, en este caso, al dar prioridad a la cualificación educativa y cultural del turista y la inducción de actitudes y hábitos cívicos de sensibilidad hacia el patrimonio natural y cultural de visitantes y residentes, frente al tradicional criterio del alto poder adquisitivo, contribuirá mucho mejor y, a la larga mucho más, al desarrollo personal y, en definitiva, a la calidad de vida que el espacio puede proporcionar a todos sus habitantes.[11]

Con respecto al transporte, sobre cuya insostenibilidad cada vez hay mayor conciencia, debe promoverse un cambio de paradigma: reduciendo la ocupación de suelo, la congestión, los desplazamientos en masa, el uso intensivo del vehículo particular en beneficio de un uso racional de los transportes públicos; coadyuvando a desarraigar hábitos altamente onerosos para el medio ambiente y la salud, en fin, posibilitando un campo práctico de experimentación asociado a la imparable transición energética que es parte de la transición global a la sostenibilidad. Haré algunos comentarios.

— Transporte: bienestar económico y social *versus* agresión a la naturaleza. Que el transporte resulta de importancia vital para el bienestar económico y social es obvio. Su aportación al crecimiento económico, sobre todo a partir de los años cincuenta, ha sido decisiva, posibilitando la realización de economías de escala en la producción. Ha favorecido la libre competencia ampliando enormemente las posibilidades de elección de productores y consumidores. Y ello ha contribuido a mejorar, directa e indirectamente, la calidad de vida. Los avances tecnológicos han posibilitado que el hombre se desplace con mayor rapidez, más frecuencia y a más largas distancias y ello ha impulsado la progresiva reducción de las barreras socio-económicas, nacionales, étnicas y geográficas. Esto es sabido. Ahora bien, el transporte tiene consecuencias nefastas para el medio ambiente. Es uno de los principales responsables de los problemas energéticos y ecológicos en la medida que es una de las actividades que consume mayores cantidades de combustibles fósiles, genera más contaminación (atmosférica, del agua, del suelo, acústica), provoca la congestión del medio urbano, es responsable de una parte importante de las vibraciones y genera ocupación del suelo e intrusión visual. La producción de energía, la industria y el transporte constituyen las principales fuentes de dióxido de carbono, como se sabe, el gas de efecto invernadero más importante producido por el hombre. Los transportes también contribuyen directamente al empobrecimiento de la capa de ozono. El azufre y las emisiones de óxido de nitrógeno de los transportes incrementan el fenómeno de la lluvia ácida y, a través de la emisión de compuestos orgánicos volátiles y de óxidos de nitrógeno, potencia la concentración elevada de ozono en las capas bajas de la atmósfera, con la consiguiente amenaza para la salud humana y la vida animal. Además se estima que el transporte es una de las causas principales de la degradación de la vida en los centros urbanos. El transporte continúa constituyendo un modelo de actividad sobre cuya insostenibilidad cada vez hay mayor conciencia, incluso dentro del propio sector.

— Transporte y movilidad sostenible. ¿Es posible compaginar las importantísimas funciones del transporte con la protección de la naturaleza? Se habla de la movilidad sostenible queriendo indicar un modelo en el que la actividad del transporte se integre en un contexto general de desarrollo sostenible orientado a cubrir las necesidades actuales sin amenazar la posibilidad de que las futuras generaciones cubran las suyas. ¿Los avances tecnológicos podrían aportar por sí mismos la solución a tan complejo problema? Parece que las medidas técnicas no serían suficientes para garantizar la adecuada protección y muchos estudios confirman esta convicción. Aún en el caso de que se refuerce lo conseguido con la introducción de la *"mejor tecnología disponible"* y el establecimiento de normas medioambientales más estrictas en relación con el ruido y las emisiones gaseosas, el rendimiento y la calidad de los carburantes, las fuentes alternativas de energía y con la introducción de medidas destinadas a garantizar y controlar su ejecución, el crecimiento del tráfico y de la congestión podrían neutralizar los beneficios que se esperan obtener. El aumento del tráfico tiene cada vez mayor impacto ambiental y constituye un verdadero problema desde el punto de vista de la sostenibilidad. En las decisiones sobre el desarrollo del sistema y las actividades de transporte intervienen los poderes públicos, los planificadores del transporte, empresarios y consumidores. Y además, influyen en ellas muchos factores ajenos a las cuestiones medioambientales: los precios y la calidad de los servicios, la posibilidad de elección entre distintos medios de transporte, la duración del viaje y la organización de la vida económica y social. Y, por supuesto, los hábitos bien arraigados de los ciudadanos. Qué duda cabe que el logro de un transporte sostenible es un reto inaplazable.

— Transporte y ocupación del suelo. Las diversas infraestructuras que requiere la actividad del transporte (carreteras, autopistas, vías férreas, aparcamientos, aeropuertos, puertos etc.) necesitan ingentes cantidades de espacio disponible. Se produce una importante ocupación del suelo. El impacto de la misma es permanente pudiendo llegar a tener efectos irreversibles. La ocupación del suelo y la intrusión visual que producen las infraestructuras de transporte varían en función del entorno en el que se construyan. Si dichas infraestructuras se habilitan en zonas de alta densidad de población afectarán a la movilidad de los peatones, crearán obstáculos visuales, potenciarán los perjuicios y trastornos que provoca el tráfico, aislarán física, social y culturalmente ciertos barrios de una ciudad y perturbarán las actividades comerciales y sociales que realizan los ciudadanos diariamente. El paisaje urbano y suburbano se verá seriamente afectado y provocarán una reducción del espacio vital y de las áreas verdes de las ciudades. Cuando tales construcciones se realizan en el espacio rural pueden alterar el paisaje, perturbar hábitats naturales hasta el extremo de llegar a destruirlos o a causar daños irreversibles al patrimonio natural. El subsiguiente deterioro del equilibrio ecológico comportará graves consecuencias para la fauna y la flora del entorno. Se calcula que en la Unión Europea el espacio ocupado por la red vial ronda más del 1'5% de su superficie total, sin incluir el reservado a estacionamientos. Se estima que el espacio necesario para estacionar un solo vehículo en un aparcamiento al aire libre especialmente concebido a tal efecto, considerando el espacio requerido para maniobras, puede alcanzar los 17 metros cuadrados. Estos datos dan una idea de la magnitud de la ocupación del suelo que genera la actividad del transporte. Si nos referimos a la red ferroviaria y, siempre en la Unión Europea, se supera el 0'03% de su superficie total. Y este dato no incluye el espacio que ocupan las estaciones ni los centros de clasificación. Por lo que atañe al transporte aéreo se estima que un pequeño aeropuerto regional ocupa entre 200 y 400 hectáreas en tanto que los de las grandes ciudades necesitan entre 1.500 y 2.000 hectáreas (París-Orly, por ejemplo, ocupa 1.500 ha., Amsterdan-Schiphol 1.800 has. y París-Roissy 3.100 has.).

— Transporte y congestión. La congestión es un fenómeno temporal de carácter recurrente y duración variable debido a un desequilibrio entre la oferta y la demanda de capacidad de infraestructura de transporte. Constituye una característica del tráfico urbano, comienza a serlo en el tráfico aéreo y se refleja en un atasco progresivo de la capacidad de las infraestructuras de transporte existentes. Sus consecuencias fundamentales son: la reducción de la capacidad y movilidad, el aumento de consumo de energía y de la contaminación operativa, la pérdida de tiempo, la merma de comodidad y bienestar de los ciudadanos, la disminución de ingresos el descenso de la producción y la reducción del tiempo libre disponible y la calidad de su disfrute.

— La relación entre red viaria, movilidad y tiempo libre. Los desplazamientos en masa y el uso intensivo del vehículo particular han revolucionado los comportamientos humanos, especialmente en los países industrializados. Su utilización ha generado hábitos altamente onerosos para el medio ambiente difíciles de desarraigar. Estos hábitos al generalizarse se hacen insostenibles y deben ser combatidos. Y no sólo incentivando los transportes públicos, sino por múltiples vías entre las que se encontraría —y en este sentido va nuestra propuesta— la reestructuración de los equipamientos viarios de los espacios de ocio para que coadyuven a incentivar y soportar una oferta turística complementaria y opciones alternativas de movilidad que, sin necesidad de limitar ésta, animen a residentes y visitantes a disfrutar de la naturaleza, renunciando al máximo al hábito del uso del turismo particular en sus vacaciones y tiempo libre.

Definiciones

PMICO se concibe como un soporte viario integral y permanente de la movilidad multimodal, inducida por una oferta civeturística interconectada, en un área espacial concebida como unidad pluritemática de esparcimiento y aprendizaje.

> **PLAFORMA MULTIMODAL DE INTERCONEXIÓN CIVETURÍSTICA Y OCUPACIONAL (P.M.I.C.O.)**
> Soporte viario integral y permanente de la movilidad multimodal, inducida por una oferta civeturística interconectada, en un área espacial concebida como unidad pluritemática de esparcimiento y aprendizaje.

Claro que, en función del punto de vista predominante, cabrían otras definiciones: marco de promoción y apoyo integral de los poderes públicos al emprendimiento empresarial y al empleo en el ámbito de la interconexión operativa entre las actividades turística complementarias, y algunas otras, en función del aspecto particular en el que se desee poner el acento: protección de la naturaleza, conservación del patrimonio, desestacionalización de la oferta turística, fomento del civeocio...

> Marco de promoción y apoyo integral de los poderes públicos al emprendimiento empresarial y al empleo en el ámbito de la interconexión operativa entre las actividades turísticas complementarias.

Componentes

En una primera aproximación, *PMICO* dispondría de:

— Portales.

  ✓ De información y contratación de servicios:

Virtuales y físicos, emplazados en puertos, aeropuertos, estaciones ferroviarias y de autobuses, oficinas de turismo, áreas de servicio de autovías y carreteras, etc.
- ✓ De acceso:
Puntos físicos de inicio de los paquetes de actividades contratadas: aparcamientos vigilados para el estacionamiento del vehículo privado durante el disfrute de las mismas, infraestructuras turísticas colaboradoras de todo tipo (alojamientos, instalaciones deportivas, marinas, aeroclubs, etc.).

— Viales.
- ✓ Terrestres, fluviales, marítimos y aéreos.

— Infraestructuras.
- ✓ De alojamiento: hoteles, casas rurales, campings, albergues, barcos, lugares de acampada libre...
- ✓ De enlace: puentes, puertos, marinas, embarcaderos, aeroclubs, teleféricos, tirolinas ...
- ✓ De equipamiento: transbordadores, trenes de vía estrecha, vehículos lentos articulados, embarcaciones, ultraligeros, globos aerostáticos, bicicletas, piraguas, embarcaciones, vela, caballos...

— Recursos turísticos.
- ✓ Educativo ambientales: centros de interpretación, aulas de naturaleza, lugares de acampada juvenil, eco-observatorios ciudadanos, ecotecas...
- ✓ Deportivos.
- ✓ Culturales.
- ✓ Arqueológicos.
- ✓ Religiosos.
- ✓ Naturales: parques nacionales, naturales, reservas de la biosfera, espacios naturales...

- ✓ Gastronómicos...

— Rutas o corredores de interconexión.
- ✓ Corredores educativo-ambientales. Por ejemplo, el que en el litoral onubense, como indiqué en mi vieja propuesta de RCM, estaría integrado por: el Molino Mareal del Pintado, el Molino Mareal del Pozo del Camino, la Laguna del Prado Hondo, la Torre Almenara de El Catalán, el Aula Marina de El Terrón,[12] la Casa del Gato, la Laguna de El Portil, los Enebrales de Punta Umbría, el Centro de Recepción e interpretación de Calatilla en el Parque Natural Marisma del Odiel, la Reserva Natural de la Isla de Enmedio, la Isla de Saltés, el Paraje de la Peguera, la zona industrial de la Punta del Sebo, las deterioradas marismas del Tinto con las polémicas balsas de fosfoyesos, el Parque Botánico Celestino, las Lagunas de Palos, de Las Madres, la Cuesta Manelli, las Dunas de El Asperillo, el futuro Parque Dunar de Matalascañas y las instalaciones del Acebuche, el Acebrón o la Rocina, en la antesala del Parque Nacional de Doñana y el propio Parque Nacional.[13] O que comunicasen eco-observatorios ciudadanos del tipo de los promovidos y desarrollados por *Proyectointersur.org*, en distintos puntos sensibles de la franja litoral para desarrollar actividades de vigilancia (del que fue un buen ejemplo *OCCCULO* u *Observatorio ciudadano de control de la corrupción urbanística en el litoral onubense*) destinadas a ejercitar la observación crítica del medio, estimular y enriquecer con una pluralidad de puntos de vista el debate social sobre los problemas ambientales y potenciar la defensa del patrimonio natural y cultural.

- ✓ Corredores deportivos: náuticos, motonaúticos, pedestres, gimnásticos, aéreos,[14] ciclistas, todo terreno, de golf, patinaje...
- ✓ Corredores culturales: gastronómicos, arqueológicos, pictóricos, museísticos, fotográficos, literarios. etc., fáciles de imaginar.
- ✓ Corredores religiosos: romerías, peregrinaciones como la de El Rocío, etc.
- ✓ Corredores comerciales y de promoción de productos locales: ferias agrícolas, ganaderas, industriales, degustaciones de productos típicos, ferias de artesanado, etc.
- ✓ Corredores seguros para la *"movida"* juvenil: viales *ad hoc* que enlazarían, en condiciones de máxima seguridad vial, los núcleos residenciales con los lugares de reunión nocturnos de los jóvenes. Por ejemplo, un carril *ad hoc*, contiguo —y en ese caso protegido— o no a la calzada principal por la que circulase un tren o vehículo articulado entre el Puerto del Terrón y La Antilla/Isla Antilla; o entre Punta Umbría, El Portil y El Rompido, etc.
- ✓ Corredores virtuales mediante el empleo de los recursos de la moderna infotelecomunicación, etc.

Objetivos

Los objetivos serían básicamente los mismos atribuidos a la propuesta original de *red costera multimodal de interconexión turística integral de la franja litoral de la provincia de Huelva*. En resumen:

— Proteger del medio natural y los bienes culturales involucrando activamente en la tarea a residentes y visitantes. En cuanto a los segundos, no habría que olvidar la necesidad de revisar el estado de conserva-

ción de muchos de ellos que, tras ser rehabilitados hace años con fondos comunitarios, apenas han tenido mantenimiento.
— Incrementar la calidad del tiempo de ocio o esparcimiento de la ciudadanía al tiempo que se intensifican los procesos de autoformación y acción ecociudadanos, base esencial del desarrollo humano.
— Optimizar el aprovechamiento integral de los recursos humanos y materiales disponibles.
— Desestacionalizar la oferta turística tradicionalmente dominante.
— Promover innovadoras oportunidades de emprendimiento generadoras de actividad económica y empleo sostenibles.
— Desincentivar el uso del vehículo privado de modo permanente.
— Minimizar el uso superfluo del transporte público.
— Propiciar mayor seguridad vial.
— Alentar el flujo de intercambios turísticos entre espacios limítrofes, tanto interiores, como exteriores.
— Cimentar la consolidación de sólidas redes de nuevos intereses económicos, sociales y culturales que contrarresten la tradicional posición dominante del capital inmobiliario menos respetuoso con la naturaleza.

Y tantos otros como facilitar las prácticas deportivas de toda índole, conservar y revitalizar las tradiciones artesanales, dar a conocer la agricultura y la ganadería de la zona, reforzar el comercio de cercanía, etc., sin descartar su anticipación a futuras demandas hoy casi inimaginables a las que aludiré más adelante.

Funcionamiento

La activación operativa de *PMICO* será un largo proceso.[15] Tendrá carácter gradual y estará en función de las decisiones de sus potenciales usuarios, entre ellas las siguientes:

Pero, ¿cómo funcionaría en la práctica? Aunque avanzaré algunos ejemplos prácticos, lo relevante son el conjunto de decisiones que sus usuarios tendrían que adoptar. Mencionaré cinco: 1) usar o no *PMICO*, 2) elegir algunas de las propuestas o paquetes de actividades ofertadas, 3) decidir sobre el modo de desplazamiento al punto de acceso o de inicio, 4) volver o no a recurrir a sus servicios y 5) primar o no el disfrute de los paquetes o actividades con más contenido de civeocio.

1. Uso o no de *PMICO.*
   Obviamente, la decisión clave. Una decisión condicionada por múltiples factores que no precisan ser señalados, dado que no se apartan de los niveles de calidad exigibles a cualquier servicio, público o no, ofertado en el mercado. Y en *PMICO*, una iniciativa a caballo entre el apoyo público y el emprendimiento privado, desempeñan un papel fundamental, tanto los poderes públicos competentes, como los sectores empresariales concernidos, máxime si consideramos que los destinatarios y futuros usuarios constituyen un público nada habituado a este tipo de innovaciones.

2. Elección de las actividades o paquetes ofertados.
   Una decisión, condicionada también por múltiples factores, a la que se aplica lo dicho anteriormente. Sin embargo, considero oportuno resaltar un aspecto que afecta a la actitud de los poderes públicos intervinientes en relación con el logro de los beneficios sociales que esperan obtener de PMICO. Me refiero a la mayor o menor presencia en las actividades ofertadas del componente que denomino civeocio. Recuerdo: *(cive,*

del latín civicus, de civis, relativo al ciudadano y ocio, del latín otium). Modalidad genérica de ocupación del tiempo libre orientada adrede a implementar, en mayor o menor grado, la instrucción y el ejercicio del civismo. Algo directamente relacionado con las políticas de estímulo y apoyo al emprendimiento empresarial en la materia.

3. Desplazamiento al punto de acceso o de inicio.
Optar entre dirigirse al mismo en el vehículo propio o hacerlo usando el transporte público es una decisión esencial con respecto a dos de los objetivos básicos de *PMICO*: desincentivar el uso del vehículo privado y minimizar el uso superfluo del transporte público. En todo caso, y esto debe destacarse como un primer logro de PMICO, cualquiera que fuese la opción elegida por el usuario conllevaría, en mayor o menor medida, la renuncia al transporte privado y/o la optimización del recurso al público durante la duración de la propuesta elegida de disfrute del tiempo libre (jornada/s entre semana, fin de semana, etc.).

4. Volver o no a recurrir a sus servicios.
Decisión, también esencial, relacionada con el mayor o menor acierto o fracaso de los emprendedores, tanto en la elección y el diseño, como en la correcta ejecución de sus ofertas de actividades.

5. Primar o no el civeocio.
La mayor o menor demanda de las actividades con más contenido de civeocio aporta una información esencial para evaluar el comportamiento de *PMICO* con respecto a otros de sus objetivos primordiales: el incremento dela calidad del tiempo de ocio o esparcimiento de la ciudadanía, al tiempo que se intensifican

los procesos de autoformación y acción ecociudadanos, base esencial del desarrollo humano.

Recapitulemos

Tras el relato que acabo de hacer ¿qué tenemos? Recapitulemos. Una invitación a los poderes públicos para que, en una determinada unidad espacial y/o administrativa —por ejemplo, una provincia andaluza, o varias, o todas— se decidan a lanzar, en época de crisis tan aguda, un innovador y contundente programa de apoyo al sector turístico y, más concretamente, al ámbito específico del turismo complementario. Dirigido esencialmente a incentivar la apuesta de los emprendedores por una interconexión multimodal de la oferta de sus productos turísticos, entendida ésta como factor de calidad y diversificación, que maximice el aprovechamiento de los recursos y el grado de satisfacción derivados de su disfrute. En concreto: poner a disposición de los potenciales emprendedores, tras los estudios técnicos correspondiente, cuantas infraestructuras y demás medios de apoyos fuesen necesarios. Una interconexión de tal índole que, aunque no es difícil imaginar su funcionamiento práctico, posibilite la generalización de escenarios como los que describo a continuación.

Usuarios de *PMICO* (individuos o grupos familiares, escolares, universitarios, pensionistas, nacionales o extranjeros, etc.) que han decidido utilizar tan peculiar plataforma para disfrutar de ciertas actividades de esparcimiento y aprendizaje durante un periodo de tiempo determinado. Que suben a un medio de transporte público —probablemente a la vanguardia del proceso de transición energética— o abandonan temporalmente sus vehículos particulares en un estacionamiento *ad hoc,* sito en el área de servicio de una autovía, donde uno o varios emprendedores turísticos, ¿civeturísticos?, recogen y trasladan sus equipajes al alojamiento elegido para pernoctar esa primera noche. Otros, allí o a lo largo de un atractivo sendero, les proporcionan las bicicletas y/o los caballos, y/o los patinetes, o simplemente los bastones y el agua que precisan para recorrerlo a pie. Otros que les aguardan más adelante para ofrecerles un refrigerio o servirles el almuerzo. Otros que les animan a observar las aves, les muestran el funcionamiento de un molino mareal, o de las salinas aledañas mientras contemplan la puesta de sol y se preparan para descansar esa noche en el nuevo alojamiento donde les esperan para cenar. Que tras la placida noche y el apetitoso desayuno les esperan otros emprendedores para que puedan iniciar el disfrute de las actividades contratadas. Así, uno de ellos, puede que lleve a un grupo a disfrutar de una jornada navegación y observación marina. Y otro, caminando, les acompañe al puerto cercano para, a bordo de una embarcación experimental, ascender el plácido río que baña la población, hacer escala para visitar un museo, un centro artesanal o un mercadillo de productos tradicionales y acabar almorzando a los pies del viejo castillo desde el que arranca el funicular o la tirolina que, en paisaje tan espectacular, brinda a los más osados el sobrevuelo de dos pueblos fronterizos con altibajos históricos de enemistad y hermanamiento. Y vuelven a embarcarse para, río arriba, acceder a la casa rural a la que han trasladado sus equipajes... Y como estas vivencias muchas más, en cualquier época del año, en múltiples direcciones, con ingredientes ilimitados y, sobre todo, a gusto de un nuevo tipo de consumidores implicados en el proceso de transición a una sostenibilidad global.

Formulación técnica

Una vez expuestos los rasgos básicos de *PMICO,* y siempre que, a juicio de los expertos, la propuesta lo merezca, sería necesario reescribirla de manera que pueda ser trasladada a los responsables públicos a fin de obtener la financiación que pueda requerir su adecuada formulación y evaluación técnica.

LO QUE PUEDE QUE NO SE IMAGINEN LOS PLANIFICADORES DEL TURISMO

O, al menos, es lo que yo creo. De ahí el subtítulo *Adelantándonos a un futuro inimaginable*. Trataré de explicarme. La presente propuesta, como avancé al comienzo, no surge aislada: lo hace como una iniciativa más, la quinta, asociada a la *Estrategia ECOCIUDADANÍA 3.0*. Las cuales —*PAUTA/e 3.0, O$_p$TA, ALE, LEA* y *WIKIACCIÓN*— están íntimamente interrelacionadas entre sí y con *PMICO*. Todas ellas concebidas expresamente para propiciar los imprescindibles procesos colectivos de información, reflexión, experimentación y desarrollo colaborativos del modelo o técnica asociativo-decisional de participación fraccionada (*MPF*). Por ello es esencial conocer sus puntos de conexión para captar adecuadamente el alcance potencial de las mismas. A los efectos de desvelar lo que creo que ni se imaginan los actuales planificadores del turismo bastará con destacar los que hay entre *PMICO, PAUTA/e 3.0* y *OpTA*. Lo haré de manera sintética, remitiendo al lector interesado la lectura de los anexos.

¿Era imaginable que...?

Unas cuantas preguntas ayudarán a situarnos en el contexto adecuado. ¿Eran imaginables, para el normal de los mortales, inventos como la rueda, la palanca o el motor de explosión? O, como se preguntaba el protagonista de mi trilogía *Noticia de un amanecer fugaz*: *¿realmente era tan difícil imaginar que el motor de explosión haría que el consumo de petróleo adelantara rápidamente al del carbón? ¿Qué a mediados del siglo veinte hubiese cien millones de automóviles y que en una década se consumiría casi la misma cantidad de petróleo que en* *los cien años anteriores? ¿Qué en los albores del siglo XXI circularían más de quinientos millones de vehículos? o ¿qué el efecto invernadero amenazaría gravemente la climatología del planeta...?* [16]

Hoy, cualquier ciudadano medianamente informado asume que el futuro energético pasa, sí o sí, por el uso generalizado de las energías renovables. Es más, que todo apunta a que caminamos hacia la era del nitrógeno. Y si eso fuese así ¿no podrían hacer los planificadores del turismo un esfuerzo de imaginación para captar en toda su dimensión ese intenso nexo futuro entre ocio y democracia apuntado en la presentación?

PMICO y *PAUTA/e 3.0.*

PAUTA/e 3.0 es el acrónimo de plataforma para la autoformación y la acción ecociudadanas. El tres punto cero hace referencia, tanto a la noción de sociedad del conocimiento, como a su asociación vehicular con una técnica asociativo-decisional de nueva generación. Es una plataforma *suis generis* o, si se prefiere, un armazón de soportes *ad hoc* generadores de procesos permanentes de autoformación y acción ecociudadanas (*AAE*) a gran escala en el futuro espacio abierto de convivencia y aprendizaje en que, tarde o temprano, se transformarán los actuales campus universitarios y sus entornos. Volveré sobre esta afirmación. Procesos, debo añadir, aptos para, a su vez, desencadenar, a partir de un determinado umbral de usuarios o intervinientes, procesos autoexpansivos exponenciales garantes de su propia continuidad, autorenovación y autofinanciación.

Dicho de otro moto: una *PAUTA/e 3.0* es un potente recurso social para el autoaprendizaje y la participación en los asuntos públicos, concebido para un uso masivo o a gran escala, susceptible de usarse en cualquier proceso simultáneamente educativo y participativo que pretenda ser abierto, colectivo, mixto, polivalente, flexible, permanente, autónomo, plural, comprometido, atractivo, desinteresado, asequible, accesible, autofinanciable, autorenovable, potencialmente ilimitado, transferible, útil, eficiente, y dinamizador. Ni más, ni menos.

PAUTA/ e 3.0.
Recurso social para el autoaprendizaje y la participación en los asuntos públicos, concebido para un empleo masivo o a gran escala, susceptible de usarse en cualquier proceso simultáneamente educativo y participativo que pretenda ser abierto, colectivo, mixto, polivalente, flexible, permanente, autónomo, plural, comprometido, atractivo, desinteresado, asequible, accesible, autofinanciable, autorenovable, potencialmente ilimitado, transferible, útil, eficiente, y dinamizador.

Lo cierto es que este modelo inédito de plataformas de nueva generación exige para su correcta activación la cooperación de consumo de las universidades, las ONG, los movimientos políticos-sociales y el mayor número posible de actores de la sociedad civil, empresas incluidas. Y ello, porque acometer, en condiciones óptimas de autonomía, pluralismo y calidad procesos personales y colectivos permanentes de autoformación y acción ecociudadanas, susceptibles de generar a gran escala hábitos cívicos de aprendizaje y participación en los asuntos públicos es una tarea compleja que incumbe a la sociedad en su conjunto.

ACTIVACIÓN DE UNA PAUTA/e 3.0
Decisión político-educativa, fruto de una deliberada alianza estratégica entre una o varias universidades y los actores interesados de la sociedad civil del entorno, para acometer su puesta en funcionamiento y asegurar su continuidad.

¿Que cuál es la conexión entre esta *PAUTA/e* y *PMICO*? Muy fácil de entender si partimos del siguiente supuesto: que, por ejemplo, el alumnado participante en la misma deba cumplir satisfactoriamente el requisito que denominaremos 1+3333+1. Esto es: que cada curso académico, cada estudiante, debe integrarse en 1 *grupo de intervención ecociudadana*, participar en 3 *actividades de aula*, 3 *actividades de campo*, 3 *ejercicios de observatorio de I+C*, 3 *prácticas de voluntariado* y colaborar en 1 *tarea de gestión colectiva*. Actividades de las que, a los efectos que nos ocupan, destacaré únicamente las denominadas *actividades de campo* que se desarrollan, tanto en los periodos lectivos, como en los vacacionales, y consisten en sugerentes propuestas de *ecociveocio, ecocivemovilidad* y *ecociveturismo* concebidas adrede para estimular la autoformación y la acción ecociudadanas. Algo que, en términos numéricos, supondría que los más de un millón y medio de estudiantes universitarios españoles realizarían cada año aproximadamente cuatro millones y medio de *actividades de campo*. Sin duda, un elevado número de nuevos turistas de calidad, sí, de esa nueva calidad, anteriormente mencionada, basada en la activa contribución a la cualificación educativa y cultural del turista y la inducción de actitudes y hábitos cívicos de sensibilidad hacia el patrimonio natural y cultural de visitantes y residentes.

Pero, ¿cómo podrían disponer las diversas *PAUTA/e* dispersas por la geografía española de tal volumen de propuestas de *actividades de campo*? ¿Quiénes las diseñarían y las ofertarían? La respuesta es obvia: el conjunto de emprendedores turísticos, en muchos casos civeturísticos, en el marco *ad hoc* de las correspondientes *PMICOS*. ¿Y entonces, dada su aparente utilidad, qué razón hay para no promoverlas y qué se necesitaría para la activación generalizada de tales *PAUTAS/e* en los campus universitarios y sus entornos?

De momento, surge un escollo que describe el Prof. Joaquim Prats, en un interesante artículo[17] 🗁 en el que se preguntaba *"¿Existe un planteamiento explícito asumido y transformado en acciones en las universidades sobre la misión de educar en los valores democráticos?"*. Y respondía: *"no existe, pero debería existir"*. De acuerdo. Y algo más adelante: *"Se puede afirmar que la formación ciudadana en valores democráticos no es prioritaria ni rige las preocupaciones y decisiones cotidianas de nuestras universidades —* cierto—, *aunque existe una sensibilidad que impregna, de manera transversal, el ambiente intelectual de la comunidad académica "—*tengo mis dudas—. *"Y la principal dificultad radica —*¡ojo, que esta es la clave!*— en que no existe un modelo claro* *de intervención"* —y añadía— que *"no puede ser el convencional de clases o asignaturas".*

De acuerdo en que no procede implantar una asignatura como lo fue la *"política"* en la universidad franquista o una hipotética versión universitaria de *"educación para la ciudadanía"*, pero discrepo en la ausencia de un modelo de intervención, dado que *PAUTA/e* podría servir como sólido punto partida. Lo cierto es que algo habrá que hacer. Y pronto. Sí, ahora, cuando la incultura política generalizada se transforma ante nuestros ojos atónitos en el caldo de cultivo de los populismos de todo signo que amenazan el progreso. Y no es fácil, dado que la anterior visión es la excusa perfecta para un profesorado universitario que, por exigencias del guion, concentra su esfuerzo, durante la mayor parte de la vida profesional, en la confección del currículum que le permita acceder a la panacea del funcionariado. Algo que, como es bien sabido, no prima esa deseable *"sensibilidad que impregna, de manera transversal, el ambiente intelectual de la comunidad académica".* Y también para los dirigentes universitarios, los mismos, a fin de cuenta.

PAUTA/e 3.0 y *OpTA*

La activación generalizada de tales *PAUTAS/e* en los campus universitarios y sus entornos no será plenamente viable sin el poderoso estímulo que *OpTA (Optimiza y personaliza tu aprendizaje)* o iniciativa INTERUNIVERSIDAD ABIERTA, proporcionará a la caduca institución universitaria de nuestros días (aquí y en cualquier parte del mundo, sin excepciones).

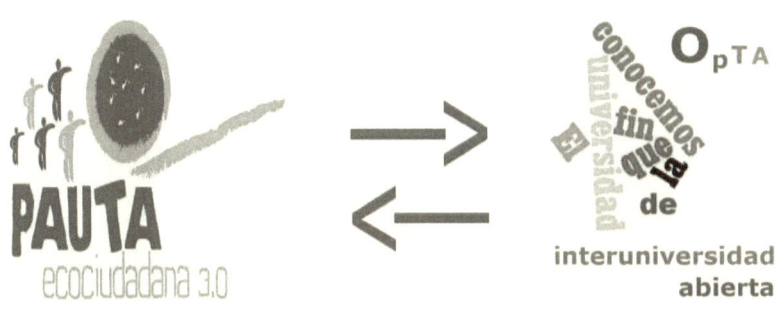

Sin embargo, cuando se conoce en qué consiste —la aplicación generalizada del *principio docente de libre competencia interuniversitaria (PDPCI)* en que se fundamenta— y se atisban sus consecuencias —el fin de la universidad... que conocemos— la conclusión parece obvia: inviable. Y en mi opinión no lo es. De ahí que pronostique el derrumbe del actual sistema de enseñanza superior que se mantiene anclado al ancestral privilegio que le nutre y estructura: el derecho exclusivo de cada universidad a enseñar, evaluar y acreditar para el ejercicio profesional. Trinomio indiscutido, verdadera piedra angular en el que se ha sustentado desde sus orígenes todo sistema universitario conocido. Principio nuclear de un modelo monopolístico que, tras haber perdido todo su sentido en un planeta seriamente amenazado, pero afortunadamente inmerso en la sociedad de la información y el conocimiento, será relevado por otro capaz de actuar *per se* cómo potente y eficaz revulsivo de una docencia agotada. Consecuencias: varias, entre ellas, la inexorable readaptación radical de los cometidos tradicionales de los actuales campus que se transformarán, más pronto que tarde, en nuevos espacios o ambientes de convivencia y aprendizaje complementarios enriquecidos por la presencia de nuevos y diversificados actores. Y lo dejo aquí, aunque daré una pista que puede ampliarse en los anexos que he incorporado a esta publicación: la clave está, como le explicaba recientemente en mis *Cartas abiertas al ministro y profesor Manuel Castells,* en la capacidad de impulso del colectivo *EURÍ-DICE* [18] y la mayor o menor disposición a secundarlos por los sectores más innovadores del profesorado.

Anexo 1

LA PARTICIPACIÓN FRACCIONADA
Esquema básico

Participación... ¿qué?

Fraccionada o, si prefieres, sucesiva, desagregativo-agregativa o por impulsos complementarios. Una técnica asociativo-decisional inédita de nueva generación para la autoformación y la acción políticas en el horizonte de una ciudadanía mundial que aspira a darle un insólito vuelco a toda democracia conocida y a abrir vías insospechadas a su ejercicio directo. Se basa en la concatenación interactiva de un conjunto de principios —*principios PF*— que operan en el seno de un proceso *sui géneris* de desagregación-agregación del quehacer participativo: el *proceso D+A*.

El proceso de desagregación-agregación (D+A)

En la base del MPF se encuentra el proceso de desagregación-agregación del quehacer participativo (proceso D+A). Se trata de un proceso en el que, además del principio inspirador de desagregación-agregación, interactúan un conjunto de principios concatenados: operacionales, motivadores, moduladores e instrumentales.

PROCESO DE
DESAGREGACIÓN-AGREGACIÓN

PRINCIPIO INSPIRADOR
Principio de desagregación-agregación

PRINCIPIOS OPERACIONALES
Principio de cooperación
Principio de complementariedad
Principio de publicidad
Principio de conectividad

PRINCIPIOS MOTIVADORES
Principio de afectación directa
Principio de ecociudadanía

PRINCIPIOS MODULADORES
Principio de aquiescencia pactada
Principio de cohabitación cooperativa
Principio de rol variable
Principio de liderazgo abierto
Principio de confidencialidad opcional

PRINCIPIOS INSTRUMENTALES
Principio de ecociveocio
Principio de ecociveturismo

Recurriré a una serie de supuestos prácticos que facilitarán su comprensión.

La cancela del sabio

Hace muchos años vivía un famoso físico muy amigo de recibir visitas en su casa de campo. No era necesario anunciarse, ya que siempre se era bienvenido por el mero hecho de abrir con decisión la pesada cancela que franqueaba el acceso al frondoso jardín. Eso sí, asegurándose de dejarla bien cerrada, lo que resultaba imposible si previamente no se realizaba el esfuerzo de abrirla de par en par. Aunque este inconveniente no dejara de sorprender al visitante, nadie comentaba tan nimio asunto con el célebre anfitrión. Un día, sin embargo, una alumna que lo visitaba por primera vez, y que resultó ser más voluntariosa que avispada, se ofreció para echar un vistazo a la cancela y tratar de repararla. La respuesta del sabio no se hizo esperar: es usted muy amable, pero como estudiante de física debería haber considerado la posibilidad de que el exceso de recorrido de la cancela tenga alguna explicación lógica. Y, en efecto, la tiene, ya que, como debe ser *vox populi*, su movimiento proporciona la fuerza motriz que acciona el sistema mecánico que dispuse hace años para extraer del pozo el agua que uso para regar el jardín.

Nuestro sagaz y práctico sabio, que de tan original suerte ofrecía a los sucesivos visitantes "oportunidades" de participar cooperativamente en el menester del riego, lograba así que cientos de esfuerzos, transformados en "impulsos" útiles, se agregasen para generar la "acción" pretendida: regar el jardín. Esta anécdota pone de relieve, en una primera aproximación, cuatro rasgos del proceso D+A, a saber: a) se trata de un proceso de dos tiempos: desagregación y agregación; b) utiliza un determinado útil o mecanismo de inducción y soporte —una noria articulada con la cancela del jardín—; c) responde a una deliberada intencionalidad —extraer agua del pozo—; y d) tiene naturaleza cooperativa o colaborativa.

Añadiré dos ejemplos más que, por su carácter abierto y la potencial multiplicidad de intervinientes, aportan complejidad al proceso D+A.

La cadena de envasado y el grupo ecologista

El principio de desagregación-agregación también opera en la cadena de envasado de una fábrica de refrescos y en la práctica cotidiana de una combativa asociación ecologista que llamaré *Ojo con el Guadiana*. ¿Cómo? Una cadena de envasado es un instrumento mecánico integrado por un conjunto de mecanismos que, a lo largo del recorrido de una cinta transportadora, posibilita que se lleven a cabo automáticamente diversas tareas sucesivas previamente programadas: limpieza, enjuague, suministro de componentes, taponado, etiquetado, etc. *Ojo con el Guadiana,* por su parte, al afrontar cualquiera de los problemas ambientales del río Guadiana también realiza un conjunto de tareas que se llevan a cabo mediante un mecanismo instrumental, en este caso, de carácter asociativo-decisional y naturaleza jurídico-política: un colectivo o asociación de personas regulado por unos estatutos sociales que determinan los fines, la estructura organizativa, el procedimiento de toma de decisiones, etc. Las tareas o acciones concretas propias de la actuación pública de este tipo de colectivos tienen en común la realización de una serie de pasos: observación, detección del problema ambiental, búsqueda de información, realización de estudios, identificación de responsables, formación de la voluntad de sus miembros, adopción de decisiones mediante votación, denuncia ante los medios de comunicación, fiscalía, tribunales de justicia, etc. Además, lo usual es que, identificadas y ordenadas las tareas o acciones que conforman la campaña, *Ojo con el Guadiana* y otras organizaciones similares, procedan al encargo de su ejecución a todos o algunos de sus miembros.

Ahora bien, en comparación con la cancela del sabio los supuestos de la cadena de envasado y del grupo ecologista incorporan la nota de heterogeneidad que hace más complejos sus procesos D+A. En efecto, las actividades propias de la cadena de envasado y el quehacer participativo de los ecologistas se componen de múltiples acciones de naturaleza diversa que quiebran la elemental homogeneidad propia de la idéntica y repetitiva tarea —sacar agua— acometida en el primer supuesto.

El cajero automático y la ONG

Del primero sabemos que ha sido programado por una entidad crediticia para brindar al usuario un variado conjunto de operaciones bancarias: reintegros e ingresos de efectivo, recargas telefónicas, transferencias, ingresos, emisión de múltiples órdenes, etc., que pueden ser realizadas por quiénes dispongan de determinados documentos de identificación magnética. Del segundo, que se trata de una ONG española —*Guadiana educa*— que opera en el tramo hispano-luso del río Guadiana y que: a) se rige por unos estatutos sociales inscritos en el registro de asociaciones; b) desarrolla un programa de educación ambiental para universitarios, basado en la organización permanente de aulas náuticas que incorporan ejercicios de observatorio de I+C destinados a que los participantes se habitúen a desempeñar la función ciudadana de iniciativa y control (I+C). Todos conocemos cómo funciona el cajero, pero ¿cómo organiza la ONG *Guadiana Educa* sus ejercicios de observatorio de I+C? Muy sencillo: realizando una labor previa de programación similar a la que llevaron a cabo, tanto el grupo ecologista *Ojo con el Guadiana*, como el diseñador de la cadena de envasado de la fábrica de refrescos. Esto les permite disponer de una lista ordenada de tareas o de potenciales acciones sucesivas a emprender. Ahora bien, en vez de asignar la ejecución de todas estas tareas o acciones a sus propios socios, como suelen hacer este tipo de asociaciones, optan por fragmentar este quehacer participativo. Es decir, descomponerlo o desagregarlo en múltiples sub-tareas o sub-acciones que sus monitores proponen a los sucesivos integrantes de sus aulas náuticas a modo de *o-por-tu-ni-da-des-de-par-ti-ci-pa-ción*.

Analicemos el proceder de la ONG *Guadiana Educa* en tres aulas náuticas sucesivas que incorporan tres ejercicios de observatorio de I+C centrados en el debate en torno a la construcción de un puente entre España y Portugal. Una decisión controvertida, ya que las ventajas socioeconómicas de la conexión transfronteriza son inseparables del impacto ambiental de la obra en un espacio natural protegido.

En la primera, el monitor presentará el primer ejercicio de observatorio de I+C. Para ello expondrá el conjunto de problemas asociados a la obra y propondrá diversas actividades a realizar durante el recorrido fluvial: tomar fotografías, debatir sobre los posibles pros y contras de la construcción del puente y accesos, sugerir alternativas, etc. Es decir, el monitor brindará a los participantes en el aula náutica un conjunto de "oportunidades de participación" en relación con un asunto de interés público, previamente preparadas.

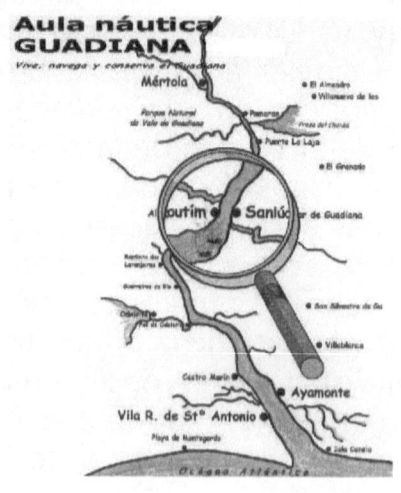

En la segunda, informará a los nuevos participantes de lo realizado en el anterior ejercicio de observatorio de I+C y les propondrá llevar a cabo nuevas acciones: completar el reportaje fotográfico, colaborar en el mantenimiento de una página electrónica para potenciar el debate, etc. Puede que, a su vez, los presentes sugieran otras acciones, e. g. traducir al español algunos textos enviados por las autoridades portuguesas; recabar más información sobre los insistentes rumores que apuntan al nexo entre el puente, sus accesos por la parte española y una operación urbanística especulativa apadrinada por las autoridades municipales en terrenos ribereños protegidos, etc. Probablemente esto avivará el debate entre los participantes y, tal vez, pondrá de manifiesto el desacuerdo, lo que, sin embargo, no impedirá que todos coincidan, por ejemplo, en la necesidad de solicitar a las Administraciones española y portuguesa más información al amparo de la legislación vigente.

En la tercera, aludirá a la divergencia producida y repartirá copias de los artículos publicados en defensa de las diversas posiciones. Puede que tenga que anunciar la falta de respuesta de las Administraciones y que algún participante proponga presentar una queja por ese motivo al Defensor del Pueblo Español y/o al *Provedor de Justiça* de Portugal. Quizás los participantes en esta tercera edición del ejercicio de observatorio de I+C, aunque discrepen sobre el fondo del asunto, estén de acuerdo en que no debe pasarse por alto el —eventual, pero no infrecuente— incumplimiento de la normativa de acceso a la información ambiental y decidan firmar conjuntamente textos de quejas o denuncias. Y así una y otra vez a medida que continúen los ejercicios de observatorio de I+C en las subsiguientes aulas náuticas organizadas por *Guadiana Educa*.

Podemos concluir que este quehacer colectivo de observación, información, reflexión, debate y acción es el resultado del aprovechamiento por los sucesivos participantes en las aulas náuticas de las numerosas "oportunidades de participación" que los monitores les han brindado. En realidad, es como si *Guadiana Educa* hubiese puesto en marcha la cinta transportadora, asegurando en todo momento que ni falten "oportunidades de participación", ni que la periódica intervención de los grupos de participantes deje de aportar nuevos "impulsos", individuales y colectivos, susceptibles de agregarse para generar "acciones". Lo esencial es que, al abrirse y cerrarse la cancela, los cangilones recojan y viertan el agua, los envases vacíos se transformen en botellas de chispeante refresco..., esto es, que en los ejercicios de observatorio de I+C de las aulas náuticas opere ese proceso D+A inspirado por el principio de desagregación-agregación.

Un proceso abierto de tres tiempos

Ahora bien, en el conjunto de dispositivos coordinados por el sofisticado programa informático del cajero automático y en la propia ONG *Guadiana Educa*, con sus ejercicios de observatorio de I+C, aparece un nuevo rasgo que se suma a la citada nota de heterogeneidad, a saber: el carácter abierto a un número indeterminado —potencialmente ilimitado— de usuarios que incrementa sensiblemente la complejidad del proceso D+A. Si convenimos que las "oportunidades de participación" cobran sentido en la medida en que aspiran a convertirse en "impulsos" capaces de agruparse en "acciones" podemos concluir que, en realidad, el proceso D+A opera en tres tiempos: fraccionamiento, conversión y agrupación.

Fraccionamiento: el quehacer participativo se desagrega fraccionándose en oportunidades de participación fraccionada. Conversión: las oportunidades PF se convierten en impulsos de participación fraccionada. Agrupación: los impulsos PF se agrupan, complementándose, en acciones de participación fraccionada. Veámoslo con algo más de detalle.

Primer tiempo: el fraccionamiento del quehacer participativo en oportunidades PF. El fraccionamiento del quehacer participativo, como acabamos de ver en los ejercicios de observatorio de I+C de *Guadiana Educa,* constituye la actividad inicial o primer tiempo del proceso D+A y consiste en descomponer adrede en "oportunidades de participación" (en adelante oportunidades PF*)* el potencial desarrollo de un determinado quehacer de interés público con miras a compartir su ejecución entre un número abierto de actores llamados a cooperar sucesivamente.

Segundo tiempo: conversión de oportunidades PF en impulsos PF. Los participantes al aprovechar las sucesivas oportunidades PF las convierten en "impulsos de participación" (en adelante impulsos PF).

EL PROCESO D+A

FRACCIONAMIENTO
El quehacer participativo se desagrega fraccionándose en
OPORTUNIDADES PF
▼

CONVERSIÓN
Las oportunidades PF se convierten en
IMPULSOS PF
▼
AGRUPACIÓN

> Los impulsos PF se agrupan,
> complementándose, en
> ACCIONES PF

Tercer tiempo: agrupación complementaria de impulsos PF en acciones PF. Los sucesivos impulsos PF se agrupan, complementándose, para generar acciones PF. Redactar y fundamentar una queja, aportar a la misma una información o un argumento relevante, localizar la dirección postal de la institución destinataria, imprimir, firmar, franquear y certificar el escrito, etc. son ejemplos de impulsos PF que se agregan complementariamente para generar una acción PF (en este caso, la presentación de una queja razonada ante el Defensor del Pueblo) generadora de nuevas oportunidades PF. Así, cuando alguien se encuentra ante tales oportunidades PF puede actuar a sabiendas de que su impulso PF constituye una decisión cooperativa —ya sea expresa o tácita— apta para agregarse a otros impulsos PF en el seno de un proceso colectivo permanente —que denomino participación fraccionada— en pro de un interés público.

La agrupación direccional

Una variante de esta agrupación complementaria de impulsos PF, que constituye un rasgo peculiar del proceso D+A del MPF, es la posibilidad de agrupación direccional de impulsos PF y de acciones PF. Me explico: en el supuesto de los ejercicios de observatorio de I+C de *Guadiana Educa* hemos podido comprobar que pueden aparecen impulsos PF discrepantes e, incluso, antagónicos. ¿Será necesario que tales impulsos PF pasen por el tamiz democrático convencional? Es decir ¿deberán ser sometidos a votación para que el colectivo respalde conjuntamente sólo a aquellos que obtengan el apoyo mayoritario o, por el contrario, los participantes únicamente tendrán que limitarse a aportar cuantos impulsos PF estimen convenientes a sabiendas de que éstos se agruparán a otros impulsos PF complementarios (anteriores o posteriores, individuales o colectivos) para generar acciones PF? En efecto, en el seno del proceso D+A del MPF no se contempla la votación como modalidad de tamiz democrático ya que éste, por definición, no rechaza o descarta ningún impulso PF por minoritario, discrepante o antagónico que sea. Se limita a estimular su agrupación complementaria en acciones PF. En el MPF —y este es un rasgo diferenciador clave— todos los impulsos PF son válidos y aprovechables y, por tanto, potencialmente aptos para agruparse complementariamente y generar acciones PF susceptibles de abrir nuevas vías o direcciones en el proceso D+A del quehacer participativo. Llamaré, pues, impulsos PF direccionales a los impulsos PF que abren nuevas vías o direcciones en el proceso D+A; acciones PF direccionales a las acciones PF que éstos generan y oportunidades PF direccionales a las nuevas oportunidades PF que mantienen en funcionamiento el quehacer participativo.

Llegados a este punto ya sabemos que el proceso D+A: a) está basado en una voluntad cooperativa autónoma, tanto expresa como tácita; b) tiene componentes heterogéneos; c) está al alcance de un número indeterminado de destinatarios, potencialmente ilimitado; d) es interactivo; e) opera en tres tiempos: fraccionamiento, conversión y agrupación; f) su carácter público asegura su apertura y transparencia; y g) requiere la presencia de un determinado soporte *ad hoc* —el cajero automático o, en el último supuesto, el ejercicio de observatorio de I+C—.

¡Ah!, me olvidaba. En los hechos reales en los que se inspira este último supuesto se desechó, sin fundamento técnico alguno, utilizar el paso existente por el muro de contención de la Presa del Chanza y, como se puede observar en la foto, se construyó un absurdo puente, con su correspondiente vía de acceso a través de un espacio protegido, a 100 metros. ✂ Se hizo, no debe olvidarse, con el apoyo expreso de los Gobiernos socialistas central y autonómico, así como de Izquierda Unida, en la ocasión representada por el Sr. Camacho, alcalde de Bollullos del Condado y miembro de la Diputación Provincial de Huelva. Y ello a pesar de la opinión en contra de las principales organizaciones ecologistas (Greenpeace, ✂ WWW/ Adena, ✂ SEO/Bird Life, ✂ Ecologistas en Acción ✂ y Amigos de la Tierra ✂) expresada en una carta conjunta a la ministra Cristina Narbona. ✂ 📂

A la derecha el Puente de Pomarao, inaugurado el 26.02.09.
A la izquierda el paso existente desde los años setenta.

Los principios estructurales del MPF

Como ya he indicado, en el MPF, además del principio inspirador que está en la base de su funcionamiento, interactúan los principios operacionales, motivadores, moduladores e instrumentales.

Principios operacionales

Cuatro: de cooperación, complementariedad, publicidad y conectividad. De cooperación, que apunta el inequívoco carácter cooperativo o colaborativo, sea expreso o tácito, del proceso D+A. De complementariedad, que asegura que los impulsos PF, al agruparse para producir acciones PF, lo hagan complementándose, posibilitando así el carácter unidireccional, discrepante e, incluso, antagónico de éstas. De publicidad, que garantiza la transparencia permanente del proceso D+A. De conectividad, que alude al imprescindible recurso a las tecnologías de la infocomunicación y a su libre accesibilidad.

Principios motivadores

Dos: de afectación directa y ecociudadanía. El principio de afectación directa, o de incumbencia, opera cuando la motivación del quehacer participativo, con respecto a un determinado asunto o situación, deriva esencialmente de la previa consciencia de cierto grado de afectación directa o de incumbencia personal, constituyendo esta circunstancia un factor motivacional esencial del ejercicio del derecho de participación política. Por su parte, el principio de ecociudadanía, o de autoatribución de legitimidad participativa, es responsable de la incorporación de la dimensión planetaria de la ciudadanía y del conjunto de las funciones inherentes a su ejercicio. Su aportación es exponente de la deliberada intención del MPF de incorporar al utillaje político derivado del mismo las exigencias propias de la nueva democracia ecociudadana o mundial que está en el horizonte de esta iniciativa de ingeniería político-social.

Un ejemplo. Supongamos que se aproximan las elecciones al Parlamento Europeo. ¿Condiciona la nacionalidad el ejercicio del derecho de sufragio activo y pasivo de los residentes en la Unión Europea? ¿Se encontrarían todos los residentes en la U.E. en situación de igualdad jurídica ante ese concreto ejercicio del derecho de participación política?[19] Decididamente no. Y es que, como ha señalado Ferrajoli, *"la ciudadanía, como presupuesto de los derechos, constituye el último privilegio personal, el último factor de discriminación y la última reliquia premoderna de las diferenciaciones por status y, como tal, se opone a la aclamada universalidad de los derechos fundamentales"*. El hecho de que la ciudadanía conlleve que sólo se puedan ejercer ciertos derechos a través de la pertenencia a una concreta comunidad política, esto es, que sea una condición propia e inseparable del modelo Estado-nacional imperante y, por tanto, ajena al ámbito de la sociedad global en vías de construcción, me llevó a recurrir a principios de los noventa —por motivos eminentemente didácticos— al término ecociudadanía y a emplearlo con un significado distinto del que suele atribuírsele. A saber —vuelvo a recordarlo— del griego *oixo* que significa casa, morada, ámbito vital... y ciudadanía, condición del nacional de un Estado, sujeto pleno de derechos y deberes, facultado para intervenir en su gobierno. La ecociudadanía bien podría expresar la condición de todo ser humano, titular de una parte alícuota de la soberanía mundial, legitimado para intervenir, con independencia de su adscripción nacional o eventual situación de apatridia, en cualesquiera asuntos públicos en pro del desarrollo humano de todos los habitantes del planeta, mediante la satisfacción de sus necesidades, sin comprometer el de las futuras generaciones. En consecuencia, ecociudadano/a sería, aquel ciudadano o ciudadana, consciente de su pertenencia a la sociedad sostenible y de responsabilidad global, que decide autoatribuirse, en el ejercicio de su plena autonomía de voluntad, legitimación para intervenir en el gobierno de la *res pública* planetaria y actúa en consecuencia. Lo que, hoy por hoy, sólo puede ser una actitud cívica: la actitud ecociudadana, entendida como alternativa, responsable, solidaria y comprometida con la definición, formulación y defensa de los intereses comunes de los seres humanos. Sin lugar a dudas, un acto político legítimo de profundización democrática y de emancipación ciudadana, coherente con el hecho histórico de la globalización, asociado al derecho y al deber de participar directamente en los asuntos públicos que afectan a la comunidad internacional en su conjunto —*res pública* planetaria—. Una respuesta a la necesidad de que la sociedad civil afronte paulatinamente el gobierno, a escala planetaria, de los asuntos públicos mediante instrumentos de acción política adecuados.

Principios moduladores

Cinco: de aquiescencia pactada, de cohabitación cooperativa, de rol variable, de liderazgo abierto y de confidencialidad opcional.

Principio de aquiescencia pactada. El término aquiescencia, como es sabido, procede del latín *acquiescentia* y significa asenso, consentimiento. El aquiescente es quien con su inacción o silencio consiente, permite o autoriza. Jurídicamente hablando da su aquiescencia quien pudiendo o debiendo hablar o actuar no lo hace. Alude a la inacción o silencio deliberado, definido previamente, en ejercicio consciente de la autonomía de voluntad, como opción política válida. Pero, ¿cómo opera?, ¿cómo modula el MPF? Se trata de poder reconducir la energía ciudadana potencial, inherente al derecho de participación política no ejercido —absentismo político o inacción— hacia el amplio cauce que propicia el proceso D+A, convirtiéndola en energía ciudadana provechosa y aprovechable por el colectivo que lo pacta. Recurriendo a un símil físico cabría afirmar que el derecho de participación política genera una especie de energía ciudadana potencial susceptible de desaprovecharse. O, lo que es peor, de ser aprovechada torticeramente por quienes, de facto, atribuyen al silencio o a la inacción política interpretaciones interesadas ajenas a la voluntad real de su titular. ¿Es posible lograr que la inacción o el silencio de la ciudadanía, interpretado habitualmente como desidia, apatía, desgana, desmotivación o pasotismo, deje de nutrir la confusión y el creciente absentismo político para, modificada su naturaleza originaria, convertirse en una nueva y peculiar opción de participación política merced al juego de una decisión voluntaria deliberada y previamente advertida? ¿Tendría utilidad social que el hecho de callar o de abstenerse de actuar, lejos de generar especulación y presuponer apatía, desidia, despreocupación o abandono del desempeño de funciones y deberes cívicos, se transformase en gesto claro, provechoso y aprovechable por la ciudadanía? ¿No pondría coto a las variopintas interpretaciones partidistas al uso del fenómeno del abstencionismo político fijar con nitidez el verdadero sentido de estas conductas políticas, es más, dotarlas de un nuevo e incontrovertible significado? ¿No abriría una nueva y ágil opción de participación política, dado que, como veremos, el efecto más destacado del principio de aquiescencia pactada es su capacidad para transformar deliberadamente la inacción consciente y voluntaria en impulso PF?

Principio de cohabitación cooperativa. Está asociado a las nociones de tolerancia, pluralismo y eficacia. Alude a la capacidad del MPF para propiciar una nueva dimensión del proceso asociativo-decisional que permite dar cabida en un mismo marco instrumental a enfoques, planteamientos y actuaciones divergentes e, incluso, antagónicos. En el supuesto de los ejercicios de observatorio de I+C de *Guadiana Educa* opera el principio de cohabitación cooperativa cuando posibilita la formación de dos grupos de participantes con posiciones antagónicas con respecto a la construcción del puente. Y, también cuando todos, ya a favor o en contra de éste, se ponen de acuerdo —asociacionismo blando— para exigir a las Administraciones competentes —participa-ción a la carta— el cumplimiento de la normativa de acceso a la información ambiental que les respalda.

Principio de rol variable. Aporta a los intervinientes en un proceso D+A la posibilidad de escoger libremente y en todo momento el papel o rol que deseen desempeñar en su seno.

Principio de liderazgo abierto. Permite extender esa libertad de elección de papel o rol al ejercicio del liderazgo de las propias propuestas o iniciativas y al derecho a actuar como portavoz del colectivo en representación de las mismas.

Principio de confidencialidad opcional. Dota de seguridad al quehacer participativo al contemplar diversas fórmulas de anonimia dirigidas a minimizar o eliminar por completo el mayor o menor riesgo personal, de diversa índole, que puede aparejar el ejercicio del derecho de participación política. Y no sólo en contextos políticos autoritarios, también en el seno de las democracias representativas al uso.

¿Cuáles son los principales efectos de los principios moduladores sobre el MPF? En síntesis, puedo avanzar que: a) tornan más simple, flexible, dinámico, participativo, autónomo, plural y eficiente cualquier proceso asociativo-decisional; b) proporcionan seguridad al quehacer participativo; c) potencian el carácter virtual, no exclusivo, del ejercicio asociativo-decisional, al facilitar el encuentro, el intercambio de opiniones y la adopción de acuerdos sin necesidad de convocatorias, reuniones y desplazamientos; d) proveen un mayor grado de protagonismo participativo; e) incorporan, a resultas de una aquiescencia previamente pactada, el concepto de inacción deliberada y el mecanismo para que, en la práctica, la abstención o el silencio puedan operar en beneficio colectivo; f) abren el paso a la asunción de cualquier rol o papel; g) hacen innecesarios o superfluos los liderazgos políticos habituales, basados en la asunción, permanente o rotativa, por uno o escasos dirigentes de la iniciativa, la dirección y la representación exclusiva del colectivo; y h) posibilitan que los procesos de índole asociativo-decisional, basados en el MPF, no requieran estatutos reguladores, ni órganos convencionales (asamblea, junta directiva, etc.).

Principios instrumentales

Dos: de ecociveocio y ecociveturismo. Posibilitan que el MPF asocie, la instrucción y la autoinstrucción cívicas y el ejercicio del derecho de participación, al creciente fenómeno del ocio y, especialmente, al de la movilidad vinculada al turismo, generando, respectivamente, el ecociveocio y el ecociveturismo.

Dadas las características innatas del fenómeno del ocio y, en particular, de la movilidad asociada al turismo, su aprovechamiento para promover procesos de instrucción y de autoinstrucción cívicas y de ejercicio, individual y colectivo, del derecho de participación política constituye un elemento esencial del MPF. En concreto, tres de ellas resultan esenciales: su innato atractivo, la autofinanciación y el desplazamiento espacial que conllevan. En efecto, al tratarse de opciones de disfrute que las personas sufragan con sus propios medios, no sólo se asegura su atractivo (efecto colección autoexpansivo), sino la voluntaria autofinanciación de las actividades asociadas de instrucción y ejercicio del derecho de participación política. Dos elementos, ¡qué duda cabe!, que proporcionan una fórmula ideal para resolver dos interrogantes clave: ¿cómo incorporar de manera natural la dimensión cívica en los seres humanos? y ¿cómo dotar al MPF de las condiciones de autonomía y pluralismo que exige el aprendizaje y el ejercicio de la participación política? Por su parte, el desplazamiento espacial es esencial para afrontar la dispersión, el enfoque intercultural y la multiubicuidad de los asuntos públicos objeto de interés ecociudadano.

CONCLUSIÓN

El MPF es el resultado de la concatenación interactiva de un conjunto de principios que operan en el seno de un proceso que constituye su eje o columna vertebral: el proceso D+A. Un proceso *sui géneris* que opera en tres tiempos: fraccionamiento, conversión y agrupación. De este modo un potencial actor de la participación fraccionada que se encuentre ante una oportunidad PF podrá actuar a sabiendas de que su aprovechamiento —impulso PF—, aunque constituya *per se* un acto político individual, nutrirá un proceso agregativo o cooperativo de largo alcance. De ahí que, pese a ser cierto que la participación fraccionada posibilita, potenciándolo adrede, el ejercicio individual de la acción política, no quepa concluir que fomente el individualismo. Es más, aunque las acciones PF constituyan por naturaleza actos políticos singulares, en su origen puede haber impulsos PF colectivos. Sería el supuesto de aquellos impulsos PF aportados por colectivos ciudadanos que recurran al MPF. En cualquier caso, sean individuales o colectivos, singulares o plurales, respondan a intereses particulares o generales, espontáneos o deliberados, los impulsos PF y las acciones PF nunca serán esfuerzos aislados dado el carácter sucesivo, interrelacionado, cooperativo y, en suma, democrático y plural del proceso D+A.

Hasta aquí este esquema básico del funcionamiento del modelo de participación fraccionada. No obstante, si deseas profundizar en la misma te invito a leer mi publicación *Puedo, puedes... ¿podemos?* ⇨ o, incluso, a hacerlo de una manera mucho más amena e intuitiva leyendo mi e.novela de texto *Noticia de un amanecer fugaz.* ⇨ No obstante, antes de concluir esta exposición, deseo, aunque sea muy brevemente, hacer una referencia a dicha herramienta —la IPF— y a lo que he denominado ámbito virtual de ecociudadanía o AVE.

¿IPF?

O instancia de participación fraccionada. ¿Instancia? Sí, para expresar: su predominante rasgo informal, no institucional y espontáneo que la diferencia de las organizaciones políticas y asociaciones convencionales; su marcado carácter instrumental, matizado por la peculiar nota de imprecisa corporeidad, derivada del sentido jurídico habitual de *"instancia";* su condición de plataforma, vía y oportunidad para la búsqueda de la verdad y la realización de la justicia; en fin, su connotación de pretender, reclamar, apelar, exigir, urgir, apremiar, reiterar e insistir en la pronta ejecución de algo, que aporta el *instare* latino. Matices pertinentes debido a su carácter virtual, su uso en pro del republicanismo global y el doble ánimo que la inspira: constructivo, ante la complejidad de los retos que debe afrontar; reivindicativo, frente a los poderes establecidos.

Se trata de una modalidad de herramienta política de aplicación del MPF. Nada tiene que ver con instrumentos asociativo-decisionales de carácter convencional como el partido político, las asociaciones para la participación política y, dentro de ellas, las ONG al uso. A diferencia del primero no aspira ni a legislar ni a gobernar en una democracia representativa. Hoy por hoy no constituye, pues, plataforma electoral y, en consecuencia, no compite en la lucha por los escaños que permiten a partidos políticos y coaliciones electorales controlar las cámaras legislativas. Tampoco es una asociación para la participación política, ni una ONG, ya que ni reúne los requisitos formales que exigen las normativas que desarrollan en la actualidad el ejercicio convencional de los derechos fundamentales de asociación y participación políticas, ni su actuación se ve limitada, condicionada o restringida por los clichés asociativo decisionales al uso. Su legitimidad no deriva de las urnas, ni de decisiones mayoritariamente adoptadas en asambleas abocadas irremisiblemente a otorgar el poder de representación, de iniciativa y de dirección a uno o escasos dirigentes, merced a periclitadas fórmulas de liderazgos concebidas al efecto. El fundamento de su legitimidad democrática es su condición de plataforma para la AAE cooperativa, autónoma, plural y flexible; apta para la cohabitación política; abierta a liderazgos y portavocías espontáneos y cambiantes. Constituye una fórmula o marco de referencia, polivalente, versátil y accesible para el asociacionismo blando y la participación a la carta. Dispone de mecanismos de estímulo y soporte para el autoaprendizaje, así como para el desempeño, individual y colectivo, de las restantes funciones asociadas a la buena práctica del republicanismo. Y, por último, es capaz de desencadenar un quíntuple y permanente efecto de autofinanciación, autoregulación, autoexpansión, autorenovación y de autogeneración en condiciones de autonomía y pluralismo.

La IPF desempeña, como mínimo, las siguientes funciones. Tres, esenciales: asociativo-decisional (*función A+D*), de enseñanza-aprendizaje (*función E+A*) y de iniciativa y control (*función I+C*). Cinco, instrumentales: de encuentro y debate (*función E+D*), de recopilación y almacenamiento (*función R+A*), de información y asesoramiento (*función I+A*), de coordinación y gestión (*función C+G*) y de vigilancia y garantía (*función V+G*).

Y, además, la IPF, como explicaré a continuación, es susceptible de acoplarse a instrumentos asociativo-decisionales convencionales, especialmente las

ONG, mediante la activación de ámbitos virtuales de ecociudadanía (AVE).

EL TRÁNSITO HACIA LA IPF

—¿Tránsito? ¿Te refieres a la substitución o reemplazo de las organizaciones de la sociedad civil por esa nueva herramienta que propones?
—No, hablar de relevo sería precipitado.
—¿Quieres decir que ahora no y sí en el futuro?
—Probablemente a largo plazo. Cuando digo tránsito me refiero al proceso mediante el que una organización sin ánimo de lucro de la sociedad civil —una ONG, por ejemplo— incorpora experimentalmente la técnica asociativo-decisional de participación fraccionada en un ámbito específico de su actividad. Me explicaré.

Hace bastantes años, en el curso de un debate en Madrid, en la Fundación FAES, sobre los problemas de la gobernanza —al que fui invitado por el abogado Jesús Vozmediano (†) y el biólogo Dr. Javier Castroviejo—, debí excederme en mis afirmaciones, a juzgar por la agresiva reacción ante mis palabras de la joven que representaba en la mesa a una de las organizaciones ambientalistas más conocidas, sobre el impacto del *efecto moderación-adulteración*. Le respondí así: *recuerdo que, cuando tenía tu edad, el Seat "seiscientos" era el vehículo más popular en este país. Hicieras lo que hicieras, el pequeño coche apenas alcanzaba los 120 km por hora. No obstante, había quienes manipulaban su motor "recortándole" la culata y, mira por donde, aquel "seiscientos" trucado reaparecía en escena rugiendo como un Porsche y superando sus estándares de velocidad... Lo que quiero decirte es que si a tu organización se le aplicase la tecnología política de la participación fraccionada que acabo de esbozar, seguramente resultaría mucho más abierta, democrática, autónoma y eficaz.* De ahí surgió la reflexión en torno al tránsito hacia la IPF mediante el acoplamiento experimental y progresivo de la técnica de la participación fraccionada a los instrumentos asociativo-decisionales convencionales. Reflexión estimulada algún tiempo después cuando comprobé personalmente —en un asunto en el que intervino *Greenpeace*— cómo este tipo de organizaciones pueden, en ciertas situaciones, resultar altamente disfuncionales.

—¿Y eso puede hacerse?
—Sí, al menos en teoría, ya que la actual concepción del asociacionismo plasmada en el ordenamiento jurídico podría ser, como luego referiré, un obstáculo.
—¿Cómo?
—Pues creando en el seno de las mismas un área o ámbito virtual de ecociudadanía. Me alegra que quieras saberlo pues ella, por supuesto, ni me lo preguntó. Y, si te soy sincero, apenas tengo esperanzas que esto pueda interesarle lo más mínimo a ningún dirigente actual, ya sea de una ONG o de cualquier otro tipo de asociación para la participación política.

El ámbito virtual de ecociudadanía (AVE)

Un AVE —quise denominarlo así en recuerdo de la chica que, sin posarse un instante, prosiguió su vuelo— es un ámbito genérico de actuación de una asociación para la participación, delimitado por acuerdo de sus miembros, que queda fuera del control de sus órganos regulares de gobierno, gestión económica y representación. Es decir, un área específica de su objeto social estatutario acotada y abierta al ejercicio de la técnica asociativo-decisional de la participación fraccionada.

El AVE incorpora una o varias *áreas de libre actuación* (ALAs) —donde se puede compartir el poder de iniciativa y control con personas y colectivos no miembros— y uno o varios *procedimientos alternativos de asociacionismo* (PATAs) del tipo del procedimiento PF o de aquiescencia adoptado por COOPERA. Y para reforzar su autonomía y minimizar la incidencia del citado efecto de moderación-adulteración, puede financiarse mediante *planes transparentes de autofinanciación* (PLANTAs). Además, dado que en el AVE opera el principio de ecociudadanía o de autoatribución de legitimidad participativa inherente al MPF, pueden promoverse en su seno *programas específicos de concienciación ecociudadana* (PECEs). AVE, PLANTAs Y PECEs, aunque sólo sea para merecer la atención de los ecologistas.

El AVE, pues, es un espacio asociativo-decisional abierto al asociacionismo blando y a la participación a la carta en el que se generaliza el poder de iniciativa y de control, cabe la adopción de acuerdos vinculantes a distancia y se socializan las facultades de gestión, representación y portavocía del colectivo, abriendo paso en su seno a nuevas opciones de liderazgos espontáneos y cambiantes.

ÁREA VIRTUAL DE ECOCIUDADANÍA (AVE)
El AVE es una IPF *sui géneris* incorporada a un instrumento asociativo-decisional convencional para posibilitar el ejercicio de la ecociudadanía, mediante la técnica de la participación fraccionada, en un ámbito material previamente acotado.

Regresemos al Guadiana y reflexionemos al hilo de un nuevo supuesto que nos permitirá avanzar en la comprensión de la PF. Supongamos que los miembros de la ONG *Guadiana Educa,* dada la tensión política que sus ejercicios de observatorio de I+C generan en la zona, acuerdan dejar de organizarlos. De hecho, en su última asamblea general han decidido por mayoría proseguir con las aulas náuticas, pero desprovistas de tales ejercicios de iniciativa y control. ¿Qué ha sucedido? Algo desgraciadamente muy frecuente: el inevitable paso de la ONG *Guadiana Educa* por el *trance de moderación, abdicación e integración institucional* que merma fuerza y compromiso a las organizaciones de la sociedad civil. Y es que las instituciones públicas patrocinadoras de las aulas náuticas, molestas por las reiteradas actividades de observación y denuncia, han amenazado con retirar su apoyo económico. ¿Qué hacer, pues, ante esa realidad que coarta la autonomía, la eficacia y, en definitiva, frustra el objeto social de la ONG de nuestro ejemplo? ¿Aporta el MPF alguna solución a estas situaciones tan frecuentes?

Sí, por supuesto que sí. ¿Cómo? Pues, precisamente, propiciando en su seno áreas o ámbitos virtuales de ecociudadanía (AVE).[20]

Anexo 2
ESTRATEGIA ECOCIUDADANÍA 3.0.

ECOCIUDADANÍA 3.0. es la estrategia promovida por el proyecto no gubernamental para la innovación política y la ecociudadanía *www.proyectointersur.org.* para propiciar los imprescindibles procesos colectivos de información, reflexión, experimentación y desarrollo colaborativos del modelo o técnica asociativo-decisional de participación fraccionada (MPF). Una estrategia a largo plazo, integrada por las iniciativas Plataforma para la autoformación y la acción ecociudadanas (PAUTA/e 3.0), Interuniversidad abierta (O$_P$TA), Actúa leyendo, lee actuando (ALE, LEA), Agenda virtual de sugerencia para la acción (WIKIACCIÓN) y, desde mediados del año 2020, la Plataforma multimodal de interconexión civeturística y ocupacional (PMICO) expuesta en esta publicación.

PAUTA/e 3.0.
Plataforma para la autoformación y la acción ecociudadanas
Su activación en la universidad y en la sociedad

SINOPSIS

Propuesta para que las universidades, pero también las ONG y los movimientos político-sociales, coadyuven a generar a gran escala hábitos cívicos de aprendizaje y de participación en los asuntos públicos, mediante la puesta a disposición de la ciudadanía de plataformas *ad hoc* que permitan acometer, en condiciones óptimas de autonomía, pluralismo y calidad, procesos personales y colectivos permanentes de autoformación y acción ecociudadanas. Algo absolutamente necesario en tiempos en el que populismos de todo tipo, que hunden sus raíces en el déficit generalizado de cultura política, amenazan la convivencia democrática. Hasta el punto que en países como Francia han comenzado a plantearse iniciativas en esa dirección aunque muy alejadas de la propuesta que nos ocupa.

Una PAUTA/e 3.0 —acrónimo de plataforma 3.0 de autoformación y acción ecociudadanas— es una modalidad inédita de herramienta *suis generis* de aplicación experimental de la participación fraccionada a la autoformación y a la acción ecociudadanas. Consta de un conjunto articulado de soportes especializados de libre utilización por un número de participantes potencialmente ilimitado. Concebida para desencadenar, a partir de un determinado umbral de intervinientes, procesos autoexpansivos exponenciales garantes de su propia continuidad, autorrenovación y autofinanciación tiene la doble finalidad de posibilitar la experimentación y el desarrollo cooperativo de la participación fraccionada y aplicarla a la enseñanza-aprendizaje y al ejercicio de la ecociudadanía. Es una propuesta abierta que, de acometerse de manera generalizada, pondría a disposición de la sociedad un potente instrumento para estimular a gran escala hábitos permanentes de aprendizaje y de comportamiento ecociudadanos. Aunque puede ser activada en una universidad convencional y en su entorno, ha sido concebida específicamente para los futuros campus universitarios —nuevos espacio o ambientes de convivencia y aprendizaje complementarios— generados tras la aparición de las interuniversidades abiertas que propugna la iniciativa OpTA (Optimiza y personaliza tu aprendizaje).

En este texto: a) se enumeran las características básicas de esta modalidad inédita de plataforma; b) se clasifican y describen sus principales componentes; c) se exponen los rasgos más significativos de su funcionamiento y financiación; d) se indica en qué consiste su activación y cómo debe afrontarse la etapa de despegue; e) se detallan los roles a desempeñar por universidades , ONG y movimientos político-sociales; f) se apuntan algunos de los obstáculos para su activación; g) se explican sus ventajas con respecto a otras iniciativas convencionales y, en fin, h) se informa del efímero experimento de activación de una PAUTA/e 3.0 piloto iniciado en la Universidad de Huelva —PAUTA/e UHU 3.0— hace una década.

PRESENTACIÓN

Para situar en su contexto esta propuesta te diré que la PAUTA/e 3.0 es un ámbito, marco, plataforma o soporte vehicular *ad hoc* para posibilitar el proceso de experimentación y puesta a punto del modelo de participación fraccionada. De hecho, cabría decir que es al mismo lo que el poderoso acelerador de partículas europeo, construido en los alrededores de Ginebra, para recrear las condiciones que dieron lugar al origen del Universo, es a la Física de partículas. Aunque podría activarse en múltiples contextos me centraré en el universitario y su entorno.

Y dicho esto te plantearé algunas preguntas previas: ¿Opinas que forma parte de la función social de la institución universitaria contribuir activamente a incrementar el nivel de cultura política, tanto de sus miembros —docentes, estudiantes y personal de administración y servicios—, como de la sociedad de su entorno? ¿Debe coadyuvar a desarrollar en la ciudadanía hábitos generalizados de interés, aprendizaje y participación en relación con los asuntos públicos? ¿Es o no un sinsentido que las universidades, que se dotan de todo tipo de plataformas —deportivas, culturales, infocomunicativas, etc.— no incorporen aún soportes específicos de enseñanza-aprendizaje y ejercicio simultáneos del derecho de participación política? ¿Crees que se prestarían a colaborar de consuno con la sociedad civil organizada en la activación, ejecución y mantenimiento, en condiciones de autonomía, pluralismo y calidad, de plataformas *ad hoc* de enseñanza/aprendizaje cívico y de participación creciente en la gobernanza y en la defensa de la *res publica* mundial? Y de hacerlo ¿tendrían capacidad para acometer esta función social? ¿Qué papel les correspondería asumir? ¿Cómo tendrían que actuar? ¿O deberemos resignarnos a que la formación ciudadana en valores democráticos no sea prioritaria, ni rija las preocupaciones y las decisiones cotidianas de nuestros centros de enseñanza superior?

Una aspiración sin modelo

El Prof. Joaquim Prats, en un interesante artículo 📁 publicado en 2011, en *Escuela*, se preguntaba *¿Existe un planteamiento explícito asumido y transformado en acciones en las universidades sobre la misión de educar en los valores democráticos?* Y respondía *no existe, pero debería existir*. Y más adelante: *Se puede afirmar que la formación ciudadana en valores democráticos no es prioritaria ni rige las preocupaciones y decisiones cotidianas de nuestras universidades, aunque existe una sensibilidad que impregna, de manera transversal, el ambiente intelectual de la comunidad académica. Y la principal dificultad radica* —¡ojo, que esta es la clave!— *en que no existe un modelo claro de intervención* (que no puede ser el convencional de clases o asignaturas).

Completamente de acuerdo en que no procede implantar una asignatura como lo fue la *"política"* en la universidad franquista o una hipotética versión universitaria de *"educación para la ciudadanía"*. ¿Y qué hacemos entonces? Sí, ahora, cuando la incultura política generalizada se transforma ante nuestros ojos atónitos en el caldo de cultivo de los populismos de todo signo que amenazan el progreso.

¿Y si lo hubiese?

Lo hay: opino que la PAUTA/e 3.0 puede servir como modelo de partida. Sin embargo, lo más probable es que cuando conozcas mi propuesta —dadas las características de los actuales sistemas de enseñanza superior vigentes, me atrevería a decir, en todo el mundo— consideres que es inviable. Y así es, a menos que, como acabamos de ver, los campus universitarios —por operar en la enseñanza superior el principio docente de plena competencia interuniversitaria— se viesen abocados a readaptar radicalmente sus cometidos tradicionales y se transformasen en nuevos espacios de convivencia y aprendizaje complementarios enriquecidos por la presencia de nuevos y diversificados actores y programas. He aquí un primer y serio obstáculo a su activación en el ámbito de los actuales sistemas universitarios.

Actores implicados

No obstante, la viabilidad de una PAUTA/e 3.0 no sólo depende de la buena disposición de las universidades para activarlas en sus campus. Es esencial, por ejemplo, que las organizaciones no gubernamentales se impliquen. ¿Asumirían ese reto? ¿Potenciarían en el desempeño de sus tareas cotidianas la faceta formativa para aportar nuevas oportunidades de enseñanza-aprendizaje y de participación asociadas a sus experiencias cotidianas en los diversos ámbitos en los que trabajan? ¿Estarían dispuestas a modificar sus hábitos de actuación convencionales para adaptarse al peculiar funcionamiento de esta nueva plataforma? ¿Democratizarían sus mecanismos asociativo-decisionales para asumir la previsible demanda creciente de nuevos intervinientes activos? ¿Hasta qué punto compartirían sus privilegios no gubernamentales? En fin, ¿estarían sus dirigentes dispuestos tolerar la proliferación de nuevos e incisivos mecanismos de iniciativa y control ecociudadanos orientados a minimizar la incidencia sobre sus actuaciones del efecto moderación/adulteración asociado al amenazador proceso de integración institucional? ¿Se animarían a incorporar los ámbitos virtuales de ecociudadanía (AVE) [21] que aporta la técnica asociativo-decisional de la participación fraccionada?

> **EFECTOMODERACIÓN/ADULTERACIÓN**
> Pérdida de autonomía que conlleva la moderación y adulteración de objetivos y estrategias y es susceptible de afectar a las ONG cuando son controladas o absorbidas por instituciones gubernamentales o financieras. Trance de moderación, abdicación e integración institucional que suele acarrear la pérdida del vigor, la libertad crítica y la merma de la confianza ciudadana.

Y los movimientos político-sociales, tipo 15M ¿reconocerían que su principal debilidad —su transformación más o menos encubierta en partidos políticos convencionales, más o menos oportunistas y populistas— reside en gran medida en las deficiencias del sistema educativo que padecemos, y no me refiero sólo a la formación ciudadana en valores democráticos? ¿Reorientarían su presión ciudadana en el sentido que propongo?

Lo cierto es que este modelo inédito de plataformas de nueva generación exige para su correcta activación la cooperación de consumo de las universidades, las ONG, los movimientos políticos-sociales y el mayor número posible de actores de la sociedad civil, empresas incluidas. Acometer, en condiciones óptimas de autonomía, pluralismo y calidad —repito, en condiciones óptimas de autonomía, pluralismo y calidad— procesos personales y colectivos permanentes de autoformación y acción ecociudadanas, susceptibles de generar a gran escala hábitos cívicos de aprendizaje y participación en los asuntos públicos es una tarea compleja que incumbe a la sociedad en su conjunto.

> **ACTIVACIÓN DE UNA PAUTA/e 3.0**
> Decisión político-educativa, fruto de una deliberada alianza estratégica entre una o varias universidades y los actores interesados de la sociedad civil del entorno, para acometer su puesta en funcionamiento y asegurar su continuidad.

El papel de la universidad

Destacaremos las siguientes funciones: a) asumir el liderazgo de su promoción, activación, difusión y mantenimiento; b) velar para que reúna y mantenga sus características esenciales; c) asegurar la calidad académica; d) respetar el pleno desempeño de los roles concertados con los actores de la sociedad civil organizada; e) aportar cuantos recursos de despegue —a los que me referiré más adelante— requiera su activación; f) proporcionar acicates o estímulos a la participación; g) fomentar la intervención profesional en la misma de sus cuadros docentes y técnicos; h) homologar la calidad científica de materiales didácticos y propuestas de actividades; i) evaluar permanentemente su rendimiento; j) promover el empleo de recursos compartidos mediante una activa cooperación interuniversitaria; k) potenciar la inclusión de soportes especializados de autoformación y acción ecociudadanas; l) brindar el apoyo logístico que resulte necesario para su funcionamiento cotidiano; m) proceder al ajuste alternativo de la docencia derivado de la previsible demanda colectiva de conocimientos actualmente restringidos al alumnado de determinadas titulaciones; m) utilizarla de marco preferente para la aplicación recursos destinados a extensión universitaria...

El papel de los actores de la sociedad civil

Básicamente: a) aportar sus conocimientos y experiencias al doble proceso formativo-participativo; b) adaptar sus estructuras organizativas y hábitos de trabajo al creciente número de demandantes de autoformación y acción ecociudadanas especializadas propias de su ámbito de actividad; c) flexibilizar sus mecanismos asociativo-decisionales y sus estructuras or-ganizativas para la incorporación de un número, previsiblemente creciente, de miembros o socios activos; d) sumarse al proceso de desarrollo cooperativo del modelo de participación fraccionada y abrirse a la innovación político-social incorporando cuantos avances asociativos-decisionales deriven del mismo; e) asumir el liderazgo de la promoción de la PAUTA/e —e incluso de su activación— allí donde no lo hiciere la institución universitaria, etc.

ANTECEDENTES

En el otoño de 1992, los entonces profesores de la Universidad de Sevilla, Francisco Cruz Beltrán y el autor, preocupados por la insuficiencia de la información oficial sobre el proceso de ratificación del Tratado de Maastrich, propusimos a un grupo de compañeros y alumnos la realización en el campus de Huelva de una iniciativa colectiva —impulsada desde el ámbito universitario— para que los componentes de la sociedad civil onubense se auto-organizaran para formarse su propia opinión con respecto a aquella decisión política de especial trascendencia. Con el eficaz respaldo del Centro de la UNED y el apoyo permanente de su director, el profesor Carlos Vílchez Martín, (†) y de múltiples colaboradores se pudo organizar el *I Curso Básico de Introducción a la Unión Europea* que estuvo abierto a cuantos quisieron participar. Más de un millar de participantes, provenientes de diversos sectores de la sociedad onubense, tuvieron la oportunidad de adquirir, a lo largo de tres meses, los conocimientos básicos para debatir y opinar sobre tan importante asunto. La insólita experiencia, que se llevó a cabo sin disponer aun del apoyo de *Internet*, pudo autofinanciarse —con una aportación económica *per capita* simbólica de 500 ptas/3 euros— gracias a la implicación colectiva de muchas personas dispuestas a compartir desinteresadamente sus conocimientos y al aprovechamiento imaginativo de recursos públicos y privados infrautilizados. El éxito de la iniciativa dirigida a toda la sociedad onubense confirmó la utilidad y la viabilidad de este tipo de propuestas a gran escala promovidas en y desde las universidades y estimuló el desarrollo, entre 1996 y 2000, de nuevas experiencias —en especial los *Cursos Permanentes de Educación Ambiental*— para profundizar en aquella metodología.[22]

UNA PAUTA... ¿QUÉ?

PAUTA/e 3.0: acrónimo de plataforma para la autoformación y la acción ecociudadanas. Y tres punto cero en referencia, tanto a la noción de sociedad del conocimiento, como a su asociación vehicular con una técnica asociativo-decisional de nueva generación. Es una plataforma *suis generis* o, si prefiere, un armazón de soportes *ad hoc* generadores de procesos permanentes de autoformación y acción ecociudadanas (AAE) a gran escala en un espacio abierto de convivencia y aprendizaje. Procesos, debe añadirse, aptos para desencadenar, a partir de un determinado umbral de intervinientes en la misma, procesos autoexpansivos exponenciales garantes de su propia continuidad, autorenovación y autofinanciación. Es decir, un potente recurso para el autoaprendizaje y la participación en los asuntos públicos, concebido para un empleo masivo o a gran escala, susceptible de usarse en cualquier proceso simultáneamente educativo y participativo que pretenda ser abierto, colectivo, mixto, polivalente, flexible, permanente, autónomo, plural, comprometido, atractivo, desinteresado, asequible, accesible, autofinanciable, autorenovable, potencialmente ilimitado, transferible, útil, eficiente, y dinamizador. Se trata, pues, de una propuesta abierta que, de acometerse de manera generalizada, pondría a disposición de la sociedad un potente instrumento para estimular a gran escala hábitos permanentes de aprendizaje y de comportamiento ecociudadanos. Y, por supuesto, en condiciones óptimas de autonomía, pluralismo y calidad. Requisitos esenciales para asegurar una participación ciudadana informada y, por tanto, política y socialmente incisiva.

UN ARMAZÓN DE SOPORTES

En efecto, la PAUTA/e 3.0 incorpora un conjunto articulado de soportes especializados —a los que me referiré más adelante— de libre utilización por un número de participantes potencialmente ilimitado. Ha sido concebida para desencadenar, a partir de un determinado umbral, procesos autoexpansivos exponenciales garantes de su propia continuidad, autorenovación y autofinanciación.

CARACTERÍSTICAS

Abierta a todos los interesados.

Permanente, en el sentido de ininterrumpida, con mecanismos de inscripción que posibilitan la incorporación de nuevos participantes en todo momento y permiten su participación sin límite temporal alguno. En ese sentido, cabe decir que una PAUTA es potencialmente ilimitada en cuanto al número de participantes.
Colectiva, por la amplia variedad de actores llamados a intervenir en su diseño, promoción, desarrollo y autorenovación.
Mixta, pues incorpora las modernas técnicas de enseñanza abierta, a distancia y de educación permanente, en combinación con la realización de actividades didácticas teórico-prácticas presenciales.
Polivalente, ya que puede incluir diversos tipos de contenidos con diferentes grados de complejidad adaptados a niveles educativos e intereses dispares.
Flexible, dada la libre elección por los participantes de los objetivos, estímulos, contenidos, diplomas, actividades prácticas, ritmo de trabajo, calendario, grado de implicación y de compromiso, etc.
Autónoma, por no restringir la libre actuación de sus participantes.
Plural, ya que garantiza, gracias a la participación activa de una red civil de apoyo la presencia de los puntos de vista más dispares y apostar por el ejercicio de la observación crítica, en una perspectiva holística, que enfoca la relación entre el ser humano, la sociedad, la naturaleza y el universo de forma interdisciplinaria.
Comprometida, en la medida en que asume su condición de proceso de enseñanza-aprendizaje y de plataforma para la acción.
Atractiva, por apostar por el recurso al *ecociveocio* y a la *ecocivemovilidad* como vehículos esenciales de la autoformación y la acción.
Desinteresada, pues carece de ánimo de lucro.

Asequible, dado su módico coste, la incorporación de mecanismos de colaboración/ ahorro y no conllevar nuevos consumos, sino el aprovechamiento y la reorientación de los habituales.

Accesible, por la simplicidad de sus mecanismos de inscripción, el recurso a la moderna infocomunicación, la multiubicuidad de sus actividades y su política de eliminación de todo tipo de barreras.

Autofinanciable, dada la conjunción de factores como la finalidad no lucrativa, soporte informático, recurso a *Internet* y a las redes sociales, generación de economías de escala, uso imaginativo de recursos y equipamientos disponibles infrautilizados, incorporación del eco*civeocio*, la *ecocivemovilidad* y el eco*civeturismo*, generación de auto-organización y voluntariado, etc.

Autorenovable, ya que incorpora mecanismos específicos de cooperación interactiva para asegurar su mejora y adaptación permanentes.

Transferible, dado que es susceptible de adaptarse fácilmente a contextos geográficos y culturales dispares y de aprovechar las crecientes economías de escala producidas por el funcionamiento simultáneo y coordinado de experiencias similares.

Útil, gracias a los múltiples efectos socialmente beneficiosos derivados de sus actividades e intervenciones públicas.

Eficiente, por las potencialidades de su avanzada metodología de enseñanza/aprendizaje para la autoformación y la acción.

Dinamizadora, dado su considerable impacto social, económico y cultural en el área espacial de ejecución.

Innovadora, por incluir experimentalmente la técnica asociativo-decisional de participación fraccionada.

FINANCIACIÓN

Que la PAUTA/e pudiese autofinanciarse constituyó un objetivo esencial desde el primer momento. Sería la mejor garantía de su autonomía y pluralismo y un factor clave para posibilitar su implementación en cualquier entorno, incluido aquellos previsiblemente hostiles a la súbita o creciente incorporación efectiva de la ciudadanía a las tareas de la gobernanza. De ahí que haya sido diseñada para que su financiación corra a cargo de los propios usuarios.

Nótese que en esta última década, en el desempeño ciudadano de la función de iniciativa y control políticos, asociada al proceso de concepción y diseño del modelo de participación fraccionada (MPF) desarrollado por el Proyecto INTER/SUR, se ha puesto de relieve un escenario preocupante. En efecto, las múltiples actividades didáctico-experimentales llevadas a cabo han dado lugar a múltiples conflictos algunos graves, con los representantes de las diversas Administraciones públicas que han sido "víctimas" de la iniciativa o del control ejercido mediante los ejercicios de observatorio. Conflictos derivados de la breve tradición democrática de nuestro país que se refleja en el escaso arraigo del talante democrático en parte de nuestros gobernantes y funcionarios públicos. Las actividades llevadas a cabo en Andalucía, especialmente en el campo del medio ambiente y el urbanismo, han puesto de relieve un panorama oficial de desidia, ineficacia, incompetencia y corrupción, prácticamente impunes, en el que bordear la ley, cuando no infringirla directamente, es práctica demasiado frecuente. En líneas generales ha quedado patente: a) la gran dependencia que pueden llegar a generar los partidos políticos gobernantes, altamente propensos a imponer en su extensa área de influencia una voluntad coyuntural que estimula el servilismo y crea las condiciones objetivas para que aflore por doquier la ineficacia y la corrupción; b) la alarmante y deliberada inoperancia de los partidos políticos de la oposición para ejercer a fondo labores de iniciativa y control incisivas en aquellas materias en las que sus militantes con responsabilidades de gobierno en Comunidades Autónomas y Ayuntamientos actúan de manera idéntica; c) la muy deficiente calidad del ejercicio de las tareas de inspección y de control de la legalidad por parte de las instancias administrativas y judiciales competentes.

Ahora bien, si, de un lado, el carácter permanente, el proceso ininterrumpido de inscripción, la libre configuración por parte del participante de su propio proceso de autoformación y acción, las múltiples opciones de actividades disponibles y la ausencia de plazos para realizarlas, refuerza el atractivo de esta plataforma; de otro, tan extremada diversidad y flexibilidad dificultad su proceso de activación. De ahí que, como el aeroplano, que para iniciar el vuelo debe combinar la adecuada disposición de sus planos con la máxima potencia impulsora de su máquina, la PAUTA/e también necesita alcanzar su umbral crítico de despegue.

UMBRAL CRÍTICO DE DESPEGUE

Es el mínimo de participantes necesarios para que desencadene, merced a un doble efecto mimético inducido o de colección-imitación, procesos autoexpansivos exponenciales garantes de su propia continuidad, autorenovación y autofinanciación —efecto bola de nieve—. Y éste se alcanza cuando llegue a inscribirse un número de participantes que permita un ajuste razonable entre la oferta permanente de actividades y la libre demanda *in crescendo* de la misma.

RECURSOS DE DESPEGUE

El alcance de ese umbral crítico en un tiempo razonable requiere la disposición de algunos fondos institucionales o recursos de despegue que permitan sostener una programación inicial de actividades lo suficientemente variada y atractiva. Un ejemplo: una *actividad de campo* que conlleve un desplazamiento en autobús sólo podrá ofrecerse al participante al mejor precio fijo posible si se cuenta con la inscripción en la misma de un número determinado de personas que permita optimizar sus costes reales. Por el contrario, si no hay una certeza razonable de que tal actividad alcance ese número mínimo o suficiente de inscripciones, el precio deberá quedar abierto y pendiente de prorrateo entre los que finalmente viajen. En el primer caso la *actividad de campo* propuesta por la PAUTA/e a un precio cierto resultará menos costosa *per capita* —léase más atractiva y viable— que en el segundo que, en tales circunstancias, puede que ni siquiera llegue a realizarse. De ahí que en esta primera fase deba contarse con tales recursos de despegue para corregir el efecto sobre el precio óptimo de las actividades propuestas del lógico desajuste inicial entre oferta y demanda. Recursos que, llegado el caso, permitan hacer frente a los eventuales déficits económicos de aquellas actividades programadas que no lleguen a reunir el número óptimo de participantes inscritos. Obviamente, también se puede optar por aplicar los recursos de despegue a subvencionar parcialmente las actividades, minorando el precio final para el participante. No obstante, debe tenerse en cuenta que, en el supuesto de una PAUTA/e que incorpore en su programación actividades que conlleven el abono de derechos oficiales de inscripción o matrícula, la o las universidades promotoras dispondrían de unos ingresos complementarios por este concepto que permitirían recuperar los recursos de despegue invertidos y financiar con carácter permanente la continuidad y la calidad de su funcionamiento.

Una vía alternativa para poder disponer de tales recursos de despegue es recabar subvenciones, ya para la activación de la PAUTA/e en su conjunto o de sus diversos soportes especializados. Dichas subvenciones pueden solicitarse, tanto por la o las universidades promotoras, como por los propios integrantes de la Red PAUTA a la que ahora me referiré. En este sentido, la capacidad de la plataforma para potenciar el rendimiento de este tipo de recursos, debiera facilitar su obtención.

Tras las experiencia piloto, a la que ahora me referiré, llevada a cabo en la Universidad de Huelva durante el curso 2009-10, el umbral crítico de despegue puede situarse en torno al millar de participantes. El referido *Curso Básico de Introducción a la Unión Europea* (1992), que fue completamente voluntario y no ofreció ningún tipo de crédito académico, salvo un diploma de participación, expedido por el Centro de la UNED en Huelva, tuvo más de mil alumnos/as. Y eso que aún no se había concebido la modalidad de PAUTA que hoy se propone, por lo que aquella era una actividad convencional, con plazo de matrícula y fecha de finalización que, además, no incorporaba los nuevos ingredientes de indudable atractivo asociados a las propuestas de ecociveocio y ecociveturismo de ésta, ni la técnica asociativo decisional de la participación fraccionada. Es verdad que los *Cursos Verdes* que le siguieron, que sí incorporaban ya, aunque aún con grandes limitaciones, algunos de los rasgos de la propuesta actual, no alcanzaron dicho *umbral crítico de despegue* y debieron ser suspendidos. Claro que, en este caso, en el que tampoco se ofrecía al potencial destinatario ningún tipo de acicate académico, más allá del interés personal por la protección del medio ambiente, la explicación radica en la decisión voluntarista de sus promotores de afrontar el despegue sin los recursos necesarios y el hecho de tener que hacerlo, por las circunstancias del momento, con pretensión alternativa, desde fuera del ámbito universitario. En cualquier caso es esencial que en la etapa crítica del despegue resulte imprescindible elegir adecuadamente los mecanismos de estímulo o acicate a la participación.

VENTAJAS COMPARATIVAS

Entre las ventajas comparativas de una PAUTA/e 3.0 con respecto a cualquier actividad educativa convencional, destacan: a) el número mucho más elevado de participantes, en teoría ilimitado; b) la más amplia heterogeneidad potencial de los participantes; c) el coste significativamente menor; d) su autofinanciación; e) su atractivo y flexibilidad, que repercuten en su asequibilidad y accesibilidad; f) el mayor pluralismo derivado, tanto de la gran diversidad de los equipos docentes y de la incorporación de una amplia *red civil de apoyo*, como de la acción del principio generalizado de libre elección por parte del usuario de las actividades en las que participa; g) el incremento de la eficiencia didáctica; h) la aportación de considerables efectos sociales derivados de la inclusión de la *función de iniciativa y control* y de una amplia oferta de voluntariado; i) el superior grado de dinamización de múltiples actividades socio-económicas conexas en el área espacial de ejecución; j) su mayor repercusión en el ámbito del empleo y del autoempleo y k) el carácter de autoaprendizaje-ejer-cicio permanente —a lo largo de toda la vida— que potencia.

COMPONENTES

Distinguiré entre componentes de gestión, de apoyo, de promoción, difusión, información y coordinación, didácticos, de autoformación y acción especializados, de control y evaluación, de acreditación académica, de matrícula e inscripción, de colaboración-ahorro y de empleo y autoempleo.

DE GESTIÓN

Oficina PAUTA
Órgano universitario de gestión permanente de la plataforma que asegura la activación inicial, su mantenimiento y su regulación académica. Entre sus principales cometidos destacan: a) representar a la universidad en la PAUTA/e 3.0; b) estimular la participación de la comunidad universitaria y de las personas de su entorno; c) garantizar las condiciones generales de autonomía y pluralismo del proceso autoformativo y participativo; d) asumir la función de secretaría general a los efectos de la inscripción o, en su caso, matrícula oficial de participantes; e) velar por la calidad didáctico-académica de las actividades, estableciendo, en su caso, criterios de homologación, convalidación, control, evaluación, etc.; f) emitir certificados y diplomas y, si procede, atribuir créditos académicos oficiales; g) promover la coordinación interuniversitaria y la utilización de recursos compartidos; h) solicitar, atribuir y administrar los fondos públicos asignados a la PAUTA/e 3.0, en fin i) mantener operativos los soportes infocomunicativos, etc.

Red PAUTA
O red civil de apoyo, que agrupa al conjunto de actores sociales que cooperan activamente en la organización colectiva de la PAUTA/e ofertando libremente sus propias actividades. En ella se integran múltiples personas, colectivos ciudadanos, ONG, instituciones, empresas, recursos, equipamientos públicos y privados, etc.

Agencia PAUTA
Órgano especializado en la técnica asociativo-decisio-nal de la participación fraccionada y en la activación y mantenimiento de plataformas 3.0 de autoformación y acción ecociudadanas que asume la coordinación de la gestión colectiva integral de una PAUTA/e y dirige el proceso de experimentación y desarrollo cooperativo del modelo de participación fraccionada y su aplicación a la misma. Puede revestir la forma de asociación, fundación o de cooperativa sin ánimo de lucro y debe estar abierta a los participantes interesados en la gestión colectiva. Entre sus principales cometidos destacan: a) organizar la programación general, mantener operativa y actualizada permanentemente la *Web* PAUTA; b) apoyar a la comunidad universitaria y a los actores sociales, integrantes de la Red PAUTA en la concepción, diseño, adaptación al formato PAUTA/e de sus propuestas de actividades, así como en la ejecución de las mismas; c) apoyar a la o las universidades promotoras y a los integrantes de la Red PAUTA en la elaboración de proyectos de actividades subvencionables que coadyuven a alcanzar el umbral crítico de despegue; d) gestionar y canalizar las actividades de prestación colectiva de los participantes; e) asegurar la coordinación entre las diversas Agencias PAUTA, en particular, en materia de experimentación y desarrollo cooperativo del modelo de participación fraccionada y su aplicación a este tipo de plataformas.

Web PAUTA
Soporte infocomunicativo central de la PAUTA adecuadamente dimensionado.
Aplicación PAUTA
APP específica para facilitar a los participantes la utilización de la PAUTA.

DE APOYO A SU UTILIZACIÓN MASIVA

Instancia PAUTA/e 3.0
Marco asociativo-decisional de los usuarios de la PAUTA configurado como instancia de participación fraccionada (IPF) para posibilitar la experimentación colectiva de los *ámbitos virtuales de ecociudadanía (AVE)* y el ejercicio del *asociacionismo blando* y de la *participación a la carta* que posibilita la aplicación del modelo de participación fraccionada.

DE PROMOCIÓN, DIFUSIÓN, INFORMACIÓN Y COORDINACIÓN

Guía de los integrantes de la Red PAUTA
Soporte virtual, permanentemente actualizado, destinado a aportar cuanta información sea precisa para que cualquier entidad de la sociedad civil pueda incorporarse como miembro de la Red PAUTA.
Guía del docente
Soporte virtual, permanentemente actualizado, destinado a aportar cuanta información sea precisa para que los docentes se impliquen activamente.
Guía del participante
Soporte virtual, permanentemente actualizado, que aporta la información necesaria para la utilización de la PAUTA por las personas interesadas. Esto es, instrucciones de funcionamiento, recursos disponibles, programa-

ción general de actividades, mecanismos de inscripción y participación, etc. ⚭

Encuentros de presentación y coordinación
Complemento de la guía del participante destinado a informar de manera presencial del funcionamiento de la PAUTA y de las características de sus actividades, orientar en relación con la elección de los eventuales diplomas, las opciones de evaluación, las oportunidades de empleo y autoempleo, las diversas posibilidades de colaborar en la gestión colectiva y las técnicas específicas de diversas actividades: ejercicios de observatorio de I+C, prácticas de voluntariado, grupos de intervención ecociudadana, etc. Asociados a actividades de ecociveturismo de una o varias jornadas de duración estimularán el contacto personal entre los participantes, facilitarán la coordinación y ayudarán a que los participantes descubran las insólitas expectativas que les abre la PAUTA, se tomen en serio su propia autoformación ecociudadana y aprovechen las nuevas oportunidades de actuación eficaz en defensa de intereses públicos.

Boletín interno de coordinación informativa (BICI)
Boletín virtual para actualizar permanentemente la información sobre la PAUTA y sus actividades.

DIDÁCTICOS

Guía de estudio
Recurso didáctico que proporciona el conjunto de orientaciones para el óptimo aprovechamiento de las e.unidades didácticas y demás actividades de la PAUTA.

e. Unidades didácticas
Material didáctico teórico-práctico en formato transmedia e hipertextual, dotado de recursos de enseñanza-aprendizaje para ser desplegados con la ayuda de un soporte informático conectado a *Internet*. Textos sistematizados

e interactivos, cuya elaboración, revisión y adaptación debe ser fruto de un trabajo interdisciplinario de expertos, estar abierto a la participación de los propios destinatarios e incorporar cuantos aspectos redunden en el ineludible proceso paulatino de socialización político internacional de los ciudadanos, *conditio sine qua non* para un progresivo enfoque ecociudadano del proceso de organización de una convivencia global. Su diseño incorporaría la *ediacción* 🗁 para posibilitar la actolectura 🗁 aspectos que serán debidamente desarrollados al exponer la tercerapropuesta: *¡ALE, LEA!*

Actividad de aula
Componente del aula abierta de la PAUTA consistente en conferencias, seminarios, mesas redondas y actividades similares.

Actividad de campo
Componente del aula abierta de la PAUTA consistente en sugerentes propuestas de *ecociveocio, ecocivemovilidad* y *ecociveturismo*, concebidas adrede para estimular la autoformación y la acción ecociudadanas. Se desarrollan durante fines de semana, días festivos o periodos vacacionales. Su duración es de media, una o varias jornadas, a pie, autobús, bicicletas, vehículos 4x4, barcos...

Grupo de intervención ecociudadana
Componente del aula de participación de la PAUTA, constituido por entre 15 y 30 participantes, procedentes de diversas áreas de conocimientos (titulaciones), con niveles formativos dispares y pertenecientes a ámbitos culturales diferentes. Su finalidad esencial es proporcionar vías sugestivas de acceso al necesario proceso personal de socialización político-internacional que precisa todo ejercicio individual o colectivo de la ecociudadanía. Es un recurso propiciado por la estrecha colaboración docente teórico-práctica, interdisciplinaria y plurifuncional, entre universidades, organizaciones u organismos

internacionales (OI), organizaciones no gubernamentales de ámbito internacional (ONGI), organizaciones no gubernamentales (ONG) especializadas, etc. Requiere: a) la programación interdisciplinaria y plurifuncional de la docencia, resultado de la colaboración universidad-OI-ONGI-ONG...; c) la justificación pública por parte del grupo (rendición de cuentas/evaluación) del resultado de las actividades de intervención acometidas.

Práctica de voluntariado

Componente del aula de voluntariado de la PAUTA para estimular el compromiso social. Todos los participantes deberán comprometerse a dedicar un determinado número de horas a colaborar con la red civil de apoyo en la realización de prácticas específicas de voluntariado. La guía del participante incluirá una amplia oferta de prácticas de este tipo. También se habilitarán mecanismos para que los propios participantes puedan sugerir y promover prácticas de voluntariado relacionadas con sus preocupaciones personales o con sus entornos vivenciales.

Prestación de gestión colectiva

Componente del aula de voluntariado de la PAUTA para asegurar la gestión colectiva de la PAUTA/e mediante la colaboración activa de todos y cada uno de los participantes en su proceso de auto-organización. Se trata de que el participante sea consciente de que no se ha inscrito en una actividad académica convencional, sino de que es copartícipe de una plataforma para la autoformación y la acción, promovida desde y para la sociedad civil, que exige el compromiso previo, asumido al inscribirse, de dedicar un determinado número de horas a colaborar en las tareas de gestión. La *guía del participante* debe incluir una amplia oferta de tareas de gestión colectiva del tipo de: revisión y actualización de las e.*unidades didácticas*, búsqueda y edición de documentación complementaria; gestión del programa de aula abierta y colaboración en el diseño y organización de sus *actividades de aula* y *de campo*; introducción de elementos deportivos, culturales, etc. en las *actividades de campo*; colaboración en el diseño y organización de los *ejercicios de observatorio de I+C*; promoción y coordinación de las *prácticas de voluntariado*; adecuación de todas las actividades a las personas discapacitadas, etc.

DE AUTOFORMACIÓN Y ACCIÓN ESPECIALIZADOS

Soportes especializados

Conjunto de recursos de autoformación y acción que dotan de contenido especializado a los *componentes didácticos* de la PAUTA/e, por ejemplo:

Para la educación ambiental y la defensa del medio ambiente

Para el aprendizaje y la defensa de los DH

Para la enseñanza-aprendizaje y el ejercicio de la ciudadanía europea

Para la cooperación ecociudadana al desarrollo

cooperación ecociudadana al desarrollo

Para un consumo saludable, útil, moderado, inteligente y responsable

Para la prevención integral de riesgos laborales y la observancia de la seguridad

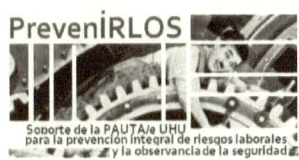

Para el diálogo y la acción interculturales

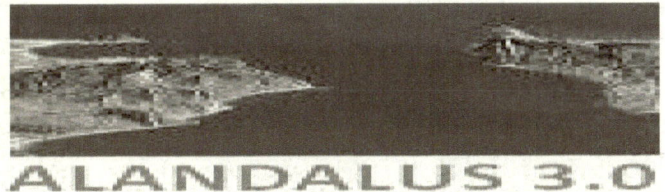

DE CONTROL Y EVALUACIÓN

Control de la participación
Mecanismos de verificación de la participación en las actividades de la PAUTA/a efectos de la eventual obtención de acreditaciones o diplomas.

Evaluación del aprovechamiento
Mecanismos de evaluación del aprovechamiento de las actividades de la PAUTA/e a efectos de la eventual obtención de acreditaciones o diplomas.

Observatorio PAUTA/e 3.0
Observatorio *ad hoc* para recoger y encauzar todo tipo de iniciativas, quejas y denuncias en relación con el funcionamiento de la PAUTA/e. En aplicación del principio de publicidad o transparencia toda la información recibida debe poder ser consultada libremente por cualquier persona interesada.

DE ACREDITACIÓN ACADÉMICA

Créditos
La PAUTA/e puede incorporar diversos tipos y número de créditos para reconocer la participación o el aprovechamiento: créditos de libre configuración, créditos *ad hoc*, créditos asociados a la transversalidad, etc.

Diplomas
La participación efectiva en determinados tipos y número de actividades y el aprovechamiento, debidamente verificado, del proceso de enseñanza-aprendizaje puede hacer acreedor al participante de diversos diplomas o acreditaciones. Además la PAUTA/e puede expedir diplomas *ad hoc* otorgados por la propia plataforma o las diversas entidades integrantes de la *Red PAUTA/e*. Cada diploma o acreditación podrá tener sus particulares exigencias y requerir o no un régimen específico de control de la participación y de evaluación del aprovechamiento.

DE MATRÍCULA E INSCRIPCIÓN

Matrícula oficial
Fórmulas de inscripción que dan derecho a la obtención, en determinadas circunstancias, de acreditaciones universitarias oficiales asociadas al *curriculum* académico del participante (créditos de libre configuración, etc.).

Inscripción abierta
Modalidad de inscripción que permite a cualquier persona incorporarse a la PAUTA/e en todo momento. Debe consistir en un trámite simple y gratuito que pueda formalizarse enviando los datos personales vía mensaje telefónico o correo electrónico. Dado el carácter ininterrumpido de la PAUTA/e, sólo debe ser necesario realizar la modalidad de inscripción abierta una vez.

Tarjeta del participante
Soporte identificativo del participante, a modo de expediente personal portátil, para simplificar la gestión administrativa de la PAUTA/e.

DE COLABORACIÓN-AHORRO

Bonos ahorro
La PAUTA/e puede incorporar mecanismos de colaboración/ahorro dirigidos a aumentar su accesibilidad y estimular la cooperación activa de los participantes en su promoción, ejecución y autorenovación. Son incentivos para estimular la colaboración en tareas colectivas que contribuirán a incrementar su autonomía y reforzar su autoorganización. Se dispensan como contrapartida por la prestación ampliada en las tareas de gestión colectiva. Permiten el abono total o parcial de actividades.

DE EMPLEO Y AUTOEMPLEO

Bolsa de trabajo
Instrumento para el aprovechamiento por los participantes de las oportunidades de empleo y autoempleo generadas por el desarrollo y previsible generalización de este tipo de plataformas.

UNA INICIATIVA PILOTO DESARROLLADA EN LA UNIVERSIDAD DE HUELVA

La UHU —por decisión personal de su rector el Prof. Francisco José Martínez López— decidió acometer con carácter piloto, durante el curso 2009-10, esta peculiar iniciativa bajo la denominación de *Programa universitario abierto y permanente de la Universidad de Huelva para la autoformación y la acción ecociudadanas* o *PAUTA/ecociudadana UHU 3.0.* ☞ Experimento —cuyo resultado valoraré más adelante— que no fue en ningún caso una especie de versión universitaria de la controvertida asignatura *"educación para la ciudadanía"*. De entrada, no se trataba de educación para la ciudadanía, sino de aprendizaje y ejercicio de la ecociudadanía, entendido —no estará de más volver a recordarlo— como proceso interactivo permanente, mediante el que el ciudadano y la ciudadana, insertos en un sistema mundial interdependiente y de frágil y precario equilibrio, acaban por cobrar paulatinamente conciencia de su pertenencia a la sociedad sostenible y de responsabilidad global; adquieren los conocimientos, los valores, las competencias y la experiencia para ejercer el republicanismo en su dimensión ecociudadana y se afanan en perseverar en su práctica. Tampoco se hablaba de educación, sino de autoaprendizaje y de ejercicio. Esto es, de la puesta a disposición de la comunidad académica y de cuantos ciudadanos estuviesen interesados de un potente instrumento de autoaprendizaje y ejercicio directo de la ecociudadanía que, merced a las peculiares características de la PAUTA/e y de la metodología de la participación fraccionada, pueden realizarse en condiciones de autonomía y pluralismo, de manera atractiva y a lo largo de toda la vida. La incorporación de un amplio y diverso equipo docente de apoyo, proporcionado por una amplia red civil facultada para proponer y ejecutar las actividades, junto al juego permanente del principio de libre elección de las mismas por el participante, avalan la autonomía y pluralismo del autoaprendizaje y de la participación que brindan su seguimiento.

Maqueta PAUTA/e UHU 3.0
Avanza su contenido y funcionamiento y marca la hoja de ruta de su proceso de activación colectiva.

La elección de la UHU para llevar a cabo esta experiencia piloto se debió a diversas razones que van, desde la decidida apuesta por la innovación siempre demostrada por el rector Martínez López, hasta el carácter transfronterizo y multicultural de su entorno geográfico en el que el Proyecto INTER/SUR había desarrollado, en contacto con organizaciones de la sociedad civil, las experiencias previas. Estaba convencido —y así se lo hice saber al rector en mi propuesta— de que la UHU, apoyada por la sociedad civil onubense, tenía capacidad para acometer esta peculiar iniciativa destinada a un número potencialmente ilimitado de personas. Es más, la organización de la PAUTA/e UHU 3.0 aspiraba a constituir una iniciativa piloto que, dados los acuerdos de colaboración firmados por la universidad con diversas instancias educativas o de otra índole, podría dar paso, a medio plazo, a su lógica extensión al área geográfica de Andalucía occidental, el Algarve y el Baixo Alentejo portugués, Gibraltar, Ceuta y la región noroccidental de Marruecos que colmaría la gran laguna existente de extensión efectiva de la cultura universitaria en este ámbito. Futura extensión que resultaría esencial, aparte de para sacar provecho a la experiencia, por el marcado carácter plurinacional y multicultural de un espacio, sensiblemente incrementado por la nueva heterogeneidad vivencial derivada de los procesos migratorios que confluyen en él. Creciente heterogeneidad que incrementaría el pluralismo y estimularía el necesario compromiso creativo de la ciudadanía.

De otra parte, y aunque lo relativo a los potenciales contenidos de un programa de estas características deba quedar para futuros debates entre los actores intervinientes, debo apuntar la ineludible necesidad de incorporar adecuadamente los diversos aspectos conexos con el paulatino proceso de socialización político internacional de los ciudadanos, *conditio sine qua non* para un progresivo enfoque ecociudadano de las relaciones internacionales.

PREGUNTAS Y RESPUESTAS

El siguiente cuadro de preguntas y respuestas que preparamos para difundir la PAUTA/e UHU 3.0 facilitará la comprensión del funcionamiento práctico de esta plataforma.

¿Tengo que reunir algún requisito para participar?
Ninguno si te inscribes directamente (inscripción abierta). Los que establezca tu universidad, si efectúas una matrícula universitaria oficial.

¿Y si no estoy en la universidad?
No importa. Puedes inscribirte. La PAUTA/e UHU 3.0 es una plataforma abierta.

¿Cuándo tengo que inscribirme?
Cuando quieras. Se trata de una plataforma permanente y el plazo de inscripción siempre está abierto.

¿Cuánto cuesta la inscripción?
Nada. Sólo tienes que enviar un correo electrónico o un mensaje con los datos identificativos básicos.

¿En cuántas actividades tengo que participar?
Depende de la configuración de tu aprendizaje o, en su caso, de los créditos o/y diplomas que desees obtener.

¿Qué significa que para obtener 3 créditos de libre configuración deba cumplir el requisito mínimo del 1+3333+1?
Que tienes que integrarte en 1 grupo de intervención ecociudadana y participar en 3 actividades de aula, 3 actividades de campo, 3 ejercicios de I+C, 3 prácticas de voluntariado y colaborar en 1 tarea de gestión colectiva.

¿En qué momento?
Cuando prefieras. Hay propuestas de actividades los fines de semana y festivos.

¿Hay algún límite de tiempo para realizar las actividades?
No, dado su carácter permanente.

¿Cuándo obtengo los créditos ofertados?
Al completar el programa exigido por tu universidad y superar, en su caso, la prueba de evaluación correspondiente. Normalmente tú pones la fecha.

¿Si, tras obtener la acreditación o el diploma pretendido, decido seguir participando en las actividades de la PAUTA/e UHU 3.0, tendría que volver a inscribirme?
No.

¿Puedo convalidar en mi universidad las actividades realizadas o los diplomas obtenidos?
Depende de las condiciones de cada centro. Se incluyen actividades y mecanismos de control que reúnen los requisitos que exigen la mayoría de las universidades para ser convalidables. Si te interesa puedes optar por un diploma de libre configuración adaptado a las exigencias de tu centro académico.

¿Qué universidades participan en la organización de la PAUTA/e 3.0 y ofrecen créditos de libre configuración?
Las Universidades de...

¿Es obligatorio participar en los encuentros de presentación y coordinación?
No, pero es recomendable si tienes interés en colaborar activamente en la PAUTA/e UHU 3.0 o ponerte en contacto con otros participantes para promover actividades o crear grupos de trabajo. En ese caso, escoge el encuentro que más te interese y, si es necesario, realiza la oportuna reserva de plaza.

¿Cómo conseguir descuentos en los precios de las actividades?
Ampliando el tiempo dedicado a la colaboración en las tareas de gestión colectiva.

¿Puedo invitar a participar a personas no inscritas?
Sí. Por el mero hecho de participar en una actividad de la PAUTA/e UHU 3.0 ya quedan inscritos en la misma.

¿Y si ya no están en la universidad o no son universitarios/as?
También. Recuerda que se trata de una plataforma abierta.

¿Dónde puedo encontrar toda la información necesaria?
En la guía del participante que está disponible en www...

¿Y la programación de las actividades?
También en dicha guía del participante.

¿Hay actualmente alguna PAUTA/e 3.0 en funcionamiento?
No.

CONCLUSIONES

La PAUTA/e UHU 3.0 que intentamos activar en la Universidad de Huelva durante el curso 2009-10 no consiguió despegar: fracasó y fue completamente descartada. Pensé ingenuamente que se alcanzaría el número de usuarios que posibilitase un ajuste razonable entre la oferta y la demanda de actividades y que a partir de ese momento nuestra plataforma quedaría activada e iniciaría un crecimiento sostenido y autofinanciado que sería la mejor garantía de su autonomía y pluralismo. Estaba convencido de que todo iría sobre ruedas si los recursos económicos necesarios para superar el umbral crítico de despegue se inyectaban desde el inicio. Y no fue así. Cierto que los recursos de despegue asignados resultaron insuficientes, pero deben apuntarse algunos elementos que resultan mucho más importantes a la hora de plantearse activar una plataforma como la que nos ocupa.

Destacaré la importancia de implicar al profesorado, a todo el profesorado. Éste tiene que colaborar activamente y para hacerlo debe captar su sentido, comprender su funcionamiento y entrever sus enormes potencialidades. Y es que una PAUTA/e 3.0 no puede ser percibida como una actividad convencional más de extensión universitaria, sino como una plataforma de carácter transversal que aspira a integrarse como estructura permanente en la universidad y en su área espacial de influencia. Su utilización no puede quedar restringida al alumnado: sus destinarios son todos los miembros de la comunidad universitaria y la ciudadanía de su entorno. El carácter inédito de la propuesta, no entender su carácter compartido con los actores de la sociedad civil, la desconfianza ante un ámbito universitario percibido como coto cerrado y autosuficiente y la tendencia de la institución a considerar como intromisión los roles que deben asumir en la plataforma las organizaciones de la sociedad civil pueden dar al traste con la iniciativa. Y, por supuesto, ignorar los potenciales efectos positivos sobre determinadas áreas de la gestión universitaria convencional asignada a vicerrectorados tradicionales, como los de extensión, estudiantes, ordenación académica y profesorado y relaciones internacionales, etc.

Tampoco resulta una tarea fácil para los dirigentes de la sociedad civil organizada. Al referido carácter inédito de la propuesta y a la desconfianza ante un ámbito universitario percibido como coto cerrado y autosuficiente, se añaden determinadas dificultades objetivas para asumir el papel que les corresponde en este tipo de plataformas. Un papel esencial dado que, una vez activada la PAUTA/e, atañe a la sociedad civil organizada asumir el protagonismo principal de la que, por definición, es un potente recurso ciudadano que actúa como reactivador exponencial de la misma. De hecho, sólo una sociedad civil que potencie la enseñanza-aprendizaje para la participación, estará en condiciones de activar y mantener adecuadamente este tipo de soportes generadores de cultura política. Entre estas dificultades destaca la insuficiencia de recursos humanos y materiales y la inadecuación de sus estructuras organizativas y hábitos de trabajo para proveer de oportunidades de autoformación y acción ecociudadanas especializadas a un creciente número de demandantes. De ahí que resulte esencial que se active un plan *ad hoc* de adecuación de la red civil de apoyo a las previsibles exigencias de este tipo de plataformas.

De otra parte, dado que no hay motivos para esperar que se genere en la ciudadanía una súbita demanda de instrumentos para la autoformación y la acción ecociudadanas, parece razonable dotar a la PAUTA/e de potentes incentivos que activen su utilización, especialmente, en su fase de despegue. En este sentido resultarán esenciales los acicates relacionados con la confección de los *curricula* del alumnado universitario participante que puedan derivarse de su carácter transversal —estí-mulos asociados a la transversalidad— para complementar el innato atractivo de una plataforma asociada al ocio. Téngase en cuenta, no obstante, que cuando se generalice el recurso social a las PAUTA/e y éstas lleguen a incorporar los avances asociativo-decisionales del modelo de participación fraccionada (MPF) en cuya experimentación colaboran, la principal fuente de estímulo para sus futuros usuarios será la propia utilidad que acrediten como herramientas de nueva generación para la autoformación y la acción ecociudadanas.

Activar una PAUTA/e 3.0, con todos sus componentes y soportes, constituye una tarea muy compleja. Es más, diría que irrealizable en el actual contexto universitario.

Iniciativa O~P~TA
Optimiza y personaliza tu aprendizaje.

¿Qué hacer desde la sociedad civil ante una institución corroída y abusada —de aquellos polvos estos lodos— compuesta por un conglomerado estanco de 84 universidades —50 de públicas—, en las que cursan sus estudios algo más de un millón y medio de estudiantes, 📁 en tantos aspectos cautivos, que aún no parecen constituir la principal preocupación de la mayoría de su profesorado?

El objeto de esta propuesta es proponer una medida de choque expeditiva, un brusco golpe de timón que encauce nuestra universidad hacia el futuro. En concreto: complementar la tan cacareada movilidad estudiantil con una inédita libre movilidad de asignaturas mediante la aplicación del principio docente de plena competencia interuniversitaria. Un principio capaz por sí solo de actuar como potente y eficaz revulsivo de una docencia agotada y liberar cantidades ingentes de recursos humanos y materiales que podrían reasignarse, con criterios innovadores, entre los tres vértices del triángulo del conocimiento: educación, investigación e innovación.

Para explicar en qué consiste y cómo opera dicho principio dispongo de tres textos. Un relato convencional,[23] otro novelado —puede que el más ameno— que procede de mi trilogía *Noticia de un amanecer fugaz*. 📁 En él se narra la intervención de la periodista Teresa de Almeida y del profesor Álvaro Díaz-Cueto, los personajes centrales de la novela, en un imaginario encuentro interuniversitario celebrado en la Facultad de Derecho de la Universidad de Bergen, Noruega.[24] En fin, el más reciente, de carácter periodístico, en forma de tres cartas abiertas a un profesor y ministro de Universidades, que es el que incluyo a continuación.

CARTAS AL MINISTRO Y PROFESOR MANUEL CASTELLS

Primera carta
12.04.2020

EL CORONAVIRUS
Y EL FIN DE LA UNIVERSIDAD... QUE CONOCEMOS

He leído en *La Vanguardia* (04/04/2020) su artícu-lo *Fin de un mundo*.[25] Y coincido: *"no es el fin del mundo"*, pero si suponemos que, como afirma, *"es el fin del mundo en el que habíamos vivido hasta ahora"* ¿acaso será el que necesitarán las próximas generaciones? Y como en ello, usted, yo y todos tenemos nuestro grado de responsabilidad, pasemos a ver que podríamos aportar para asegurarlo. Sobre todo quien, desde hace unos meses, une a su condición de prestigioso profesor universitario, la de ministro de Universidades. ¿Vamos a ello? Le echaré una mano aportando unos cuantos párrafos inéditos para el inicio de la Exposición de Motivos de un Proyecto de Ley Orgánica que derogue la Ley Orgánica 6/2001, de 21 de diciembre, de Universidades, y los tres primeros artículos que debería incluir. Eso sí, le advierto que aluden a medidas de choque expeditivas que constituyen un ataque frontal al modelo docente de una institución caduca y, como la calificó el profesor Albiac, *"cadavérica"*.[26] Que ordenan el brusco golpe de timón que nos aproará a un rumbo cierto hacia el futuro. Que entrañan un quebranto irreversible a un privilegio ancestral. En fin, que asestan un corte limpio de cizalla a la cadena monopolística que sustenta todo sistema universitario conocido. Pero, si me lo permite, balicemos antes el pecio que nos ocupa.

Qué duda cabe que la enseñanza universitaria desempeña un papel central en el desarrollo educativo, económico y social de la sociedad global. La sociedad global de una Humanidad que, ¡ojo!, todos los observadores acongo-confinados coinciden ahora en que se enfrenta a una crisis mundial. *"Las decisiones —ha dicho Yubal Noah Harari— que tomen los ciudadanos y los gobiernos en las próximas semanas moldearán el mundo en los próximos años".*[27] Una crisis mundial que, siguiendo al profesor israelí, se enfrenta a *"dos elecciones particularmente importantes"* a la que no son ajenas, añado yo, una tercera y una cuarta, al menos. La primera: *"entre vigilancia totalitaria y empoderamiento ciudadano"*. Y es que *"la tecnología hace posible vigilar a todo el mundo todo el tiempo"*. Y ya se ha comenzado a hacer con el coronavirus. Y se puede pasar, nos advierte, *"de una vigilancia 'epidérmica' a una vigilancia 'hipodérmica'"*. O como aclara: *"Hasta la fecha, cuando tocábamos la pantalla del móvil y clicábamos sobre un enlace, el gobierno quería saber sobre qué clicaba exactamente nuestro dedo. Sin embargo, con el coronavirus, el objeto de atención se desplaza. El gobierno quiere saber ahora la temperatura del dedo y la presión sanguínea bajo la piel"*. Tentación de la tecnología al poder, ¿preludio, acaso, de una deriva inquietante de la política que, ahora más que nunca, justificaría reforzar el empoderamiento ciudadano? La segunda: *"entre aislamiento nacionalista y solidaridad mundial"*. No puede ser que *"una parálisis colectiva"* se haya *"apoderado de la comunidad internacional"*. La tercera: entre la catástrofe medioambiental que se avecina y el desarrollo sostenible del planeta. La cuarta: entre el igual y el desigual desarrollo de los seres humanos.

Respuestas correctas: empoderamiento ciudada-no, solidaridad mundial, desarrollo sostenible e igual desarrollo, por supuesto. Fácil de predicar, mas hercúlea tarea donde las haya que, resumiendo, exigirá la transición de los actuales ciudadanos a los ecociudadanos del mañana.[28] ¿Ecociudadanos? Sí, ciudadanos que, conscientes de la pertenencia a una sociedad sostenible y de responsabilidad global, obran en consecuencia y, en ejercicio de su plena autonomía de voluntad, deciden autoatribuirse legitimación plena para intervenir con conocimiento de causa y con independencia de su adscripción nacional, en cualesquiera asuntos públicos en pro del desarrollo humano de todos los habitantes del planeta, mediante la satisfacción de sus necesidades, sin comprometer las de las generaciones venideras. Algo que no podrán hacer sin disponer de útiles políticos de nueva generación. Útiles muy diferentes de los actuales, partidos políticos incluidos, capaces, al menos, de inducir procesos autoinstructivos realmente eficientes, desbordar el ámbito estatal de actuación política, flexibilizar el proceso asociativo y dinamizar el quehacer participativo.[29] Ahí es donde la institución universitaria debe dar la talla. Así que usted, ya que ha sacado el tema, reflexione, decida y actúe.

PROYECTO DE LEY ORGÁNICA POR EL QUE SE DEROGA LA LEY ORGÁNICA 6/2001, DE 21 DE DICIEMBRE DE UNIVERSIDADES.
EXPOSICIÓN DE MOTIVOS
Si reconocemos que la institución universitaria ocupa un papel medular en el desarrollo educativo, cultural, económico y social, clave de un empoderamiento ciudadano orientado a la construcción colectiva de una sociedad global democrática, crítica, culta y solidaria, es imprescindible reforzar su capacidad de liderazgo y dotar a sus estructuras de la mayor flexibilidad en el marco de un escenario mundial de enseñanza superior vertebrado y sostenible. No obstante, aunque ha experimentado en todo el mundo cambios profundos, aún se mantiene anclada al ancestral privilegio que la nutre y estructura: el derecho exclusivo de cada universidad a enseñar, evaluar y acreditar para el ejercicio profesional. Trinomio indiscutido, verdadera piedra angular en el que se ha sustentado desde sus orígenes todo sistema universitario conocido. Principio nuclear de un modelo monopolístico que, tras haber perdido todo su sentido en un planeta seriamente amenazado, pero inmerso en la sociedad de la información y el conocimiento, debe ser relevado por otro capaz de actuar *per se* cómo potente y eficaz revulsivo de una docencia agotada.
En consecuencia, esta norma jurídica, se estructura en torno a un nuevo eje vertebrador: el principio docente de plena competencia interuniversitaria (PDPCI). Un precepto revolucionario destinado a forzar un inédito escenario de intensa coordinación interuniversitaria global que provea, en un contexto de creciente y deseable demanda mundial de educación, una potente oferta de enseñanza superior de máxima calidad, mínimo coste,

notable flexibilidad y fácil acceso. Medida cuya aplicación inteligente y generalizada inducirá la liberación cantidades ingentes de recursos humanos y materiales susceptibles de reasignarse, con criterios innovadores, entre los tres vértices del triángulo del conocimiento: docencia, investigación e innovación. Una deliberada vuelta de tuerca al ejercicio de la libre competencia en el ámbito universitario que dará paso a un inédito derecho de docentes y discentes. Derecho que alentará exponencialmente, salvaguardando en lo esencial la irrenunciable autonomía, su movilidad y, con ella, el competitivo desembarco de las INTERUNIVERSIDADES ABIERTAS y las AGENCIAS OFICIALES DE TITULACIÓN PROFESIONAL: las genuinas estrellas del venidero mercado de enseñanza superior, con sus mucho más ase-quibles y cualificados programas docentes, esencialmente no presenciales, y sus atractivos, accesibles y mucho más sostenibles campus virtuales especializados. Campus que, lejos de acabar con la convivencia estudiantil y la irrenunciable relación presencial profesor-alumno, las modificará, revitalizándolas enormemente merced al nuevo modelo de presencialidad que generará. Una presencialidad reducida, pero mucho más intensa, útil, plural, igualitaria y gratificante, asociada a la inevitable reconversión de los actuales campus en atractivos espacios y ambientes de convivencia y de enseñanza-aprendizaje complementarios de la gran oportunidad propiciada a la docencia virtual. Opción so-cialmente mucho más rentable por abrir sus puertas no sólo a sus exiguos destinatarios tradicionales, sino a innumerables usuarios potenciales hoy excluidos de las aulas universitarias…

TÍTULO PRELIMINAR
De los nuevos derechos universitarios
Artículo 1.
1. Se consagra con carácter general el derecho del alumnado a la libre elección, en cualquier tramo del itinerario formativo, de más de un centro académico para cursar, simultáneamente o no, cuantas ma-terias, asignaturas o módulos formativos integren los planes de estudio de títulos, oficiales o no, disponibles en el mercado interuniversitario, en condiciones de equivalencia homologada. Y ello con la consiguiente incorporación automática al expediente académico personal de todos los créditos obtenidos tras cursar en más de un centro de enseñanza superior los contenidos que den acceso a títulos oficiales de grado y de postgrado.

Artículo 2.
Los poderes públicos potenciarán la coordinación interuniversitaria alentando la constitución de INTERUNIVERSIDADES ABIERTAS: instituciones de nuevo cuño, públicas y privadas, adecuadamente dimen-sionadas para el aprovechamiento de economías de escala en la utilización eficiente de todos los recursos tecnológicos disponibles para la programación interuniversitaria de la docencia y la ulterior comer-cialización de una oferta de enseñanza superior de máxima calidad, mínimo coste, notable flexibilidad y fácil acceso. Y todo ello sin detrimento del derecho de las universidades, públicas y privadas, que lo deseen a proseguir, en el ejercicio del principio de autonomía universitaria, con el desarrollo y actualización de sus tradicionales modelos de docencia.

Artículo 3.
El Estado constituirá la AGENCIA ESPAÑOLA DE TITULACIÓN UNIVERSITARIA (TITULA) facultada para la expedición de cuantos títulos oficiales homologados se deriven de la actividad docente reglada impartida por las nuevas INTERUNIVERSIDADES que se constituyan al amparo del principio docente de plena competencia interuniversitaria (PDPCI). Y ello, sin menoscabo, en su caso, de las competencias atribuidas por la presente Ley Orgánica a las Comunidades Autónomas en materia de titulación.

Y hasta aquí, ministro y profesor Castells, puedo contarle en este limitado espacio de opinión. Como ve, se trata de una propuesta-revulsivo[30] necesitada de un profundo proceso de estudio, reflexión y debate colectivos. Sin embargo, como no soy un ingenuo, sé que a ella se opondrán escandalizados los responsables gubernamentales, usted y su colega, mi astronauta favorito, los primeros; los dirigentes universitarios y, por supuesto, la gran mayoría del profesorado. De ahí que su viabilidad, si es que algún día un nuevo virus o un desastre equivalente volviesen a generar las condiciones adecuadas, dependa esencialmente de la actitud que adopten los estudiantes ante esta inmensa ventana de oportunidad de optimizar su aprendizaje. Y, claro, de la capacidad para movilizarse a su favor y convencer a la sociedad de la urgencia de poner punto final, de una vez por todas, a la universidad... que conocemos. Y es que usted y yo sospechamos que la dramática pandemia que nos acosa, lejos de ser "*el fin del mun-*

do en el que habíamos vivido hasta ahora", sólo servirá para que políticos, empresarios, profesores y ciudadanos en general sigamos con la bien interiorizada irresponsabilidad de *"lavarnos las manos"*. Y es que no le falta razón al autor de *Sapiens* cuando denuncia quejumbroso que *"no parece que haya adultos en la sala"*.

Segunda carta
01.05.2020

Y YO ERRE QUE ERRE

Se nos acumulan las imágenes en torno a las consecuencias prácticas de ese nuevo imperativo de convivencia que ha dado en llamarse mantenimiento de la distancia social. Ayuntamientos sugiriendo el transporte privado, probadores de ropa cerrados a cal y canto por no atisbar una solución satisfactoria, espectáculos de toda índole suspendidos, aplazados o con limitaciones de aforo que descabalan la relación coste-beneficio, bares tratando de desparramar sus taburetes por las calles, *Ryanair* y las de su especie sucumbiendo a sus propias estrecheces, paseos marítimos con bañistas embozados que, sombrilla en mano, aguardan turno para, acceder por un tiempo limitado a su parcela de verano... Colas y más colas: hileras humanas con demasiados huecos como para no sucumbir a la tentación de colarse (y enfermar, provocar contagios e, incluso, morir en el intento). Y todo ello en un ya más que atosigante y cuestionable estado de alarma.

Recapitulemos. El riesgo de contraer la COVID-19 y de provocar el colapso de los sistemas sanitarios ha obligado a los Gobiernos a confinarnos. El confinamiento masivo ha paralizado casi todo. La desescalada sólo funcionará a golpe de distancia social, guantes, mascarillas y puede que más sentido común del disponible. Y así hasta que la ciencia provea vacuna y terapia. Luego, con más o menos penurias y pérdidas de vida desigualmente repartidas, el mundo recuperará su insensata marcha de crucero. Y en ese escenario, cuando el emprendimiento creativo llama a rebato y comienza a valorase *ad futurum* que quien pueda trabaje en sus casa, es donde volvemos a entrar usted y yo para que la universidad forme parte de la solución y no del problema. Usted, como ministro de la cosa; yo, como tenaz proponente —ya son más de veinte años— de que se estructure la enseñanza superior en torno a un nuevo principio vertebrador que aproe la institución al futuro. Recalco tenaz, que no obstinado. Que la obstinación, nos recordó Amiel, *"es la voluntad que se afirma sin poder justificarse; es la persistencia sin motivo plausible, la tenacidad del amor propio que substituye a la tenacidad de la razón o de la conciencia"*.

Vuelvo, pues, a las andadas a pesar de que mi primera carta haya resultado un fiasco en toda regla: el diario *La Vanguardia* hizo caso omiso de mi opinión, usted obvió mi mensaje y los comentarios de algunos parientes y amigos catedráticos apenas quebraron el mutismo. *"Interesante y creativo artículo que dudo te publiquen"*. *"Me gusta mucho lo de replantearse la universidad del siglo XXI"*. *"Una buena reflexión"*. *"La propuesta de ley es un recurso magnífico"*. *"Yo no daría por hecho que una propuesta como la tuya fuera a tener un rotundo rechazo en todos sus extremos, pues hay asuntos bastante asumibles"*. *"Creo que estás lanzando un proyecto ilusionante y sugestivo que debe tomarse en consideración por los actores implicados"*. *"Es pertinente y necesario un debate sobre la cuestión en los términos que propones"*. *"He releído tu artículo y, en efecto, querido padre,*[31] *eres un utopista"*. El mismo ¿halago?, ¿reproche? de siempre. El sino del compulsivo soñador diletante y del sesudo pensador creativo. —Y yo sin descubrir aún, ni a qué grupo pertenezco, ni al que me asignan quienes me conocen—. Y eso que lo utópico ya no es lo que era. Como apunta un personaje de *Azar de Azahar*,[32] de mote DVL (por diccionario viviente de la lengua): *"Tened en cuenta que la Real Academia Española acaba de compadecerse del término utopía y ya no es algo "irrealizable", sino "que parece de muy difícil realización"*. ¡Qué ocurrencia! ¡Hablar de la universidad con la que está cayendo! Y aun así, estimado profesor, señor ministro, amigos profesores, querido hijo: yo erre que erre.

Es más, tenía dos cartas para usted. Ésta y otra titulada *¡IMAGÍNESE!*, pero he decidido unificarlas. Así que imagínese —por aquello que decía Einstein de que *"la imaginación es más importante que el conocimiento"*— el devastador estallido de la conjunción, en un momento dado, de dos hechos de ámbito global: el estrés climático, derivado del efecto invernadero, y la explosiva tensión ciudadana, generada por la voluntad suicida de no compartir la sociedad del bienestar con todos los habitantes del planeta. Una tormenta perfecta fuera de control que generase un mal o daño que, por expandirse amenazador de forma intensa e indiscriminada (segunda acepción del término epidemia) obligase a los Gobiernos de todo el mundo a declarar el estado de alarma para acometer una drástica reasignación eficiente de los recursos públicos y privados. Todo indica que eso, que sucederá antes o después, volverá a cogernos desprevenidos. O como anunciaba el poeta catalán, *"las horas llegarán y nos hallarán instalados y dóciles"*.[33] Y no cabrá alegar estupor o sorpresa. De ahí que invite a que la institución que nos ocupa, tan esencial a la hora de configurar un futuro sostenible, más que a quejarse de lo exiguo de los medios de que aún dispone, se anticipe a sacarles todo su provecho. ¿Cómo? De momento, forzando el logro de una mucho mejor y menos dispendiosa docencia pública, que racionalice el uso del tiempo y, también, del dinero destinados por el estudiante a su proceso de enseñanza-aprendizaje.

Y ahora, si le parece, regresemos, estimado profesor, al núcleo del avance de la exposición de motivos de *"mi proyecto de Ley Orgánica"*: *"Un precepto revolucionario destinado a inducir un inédito escenario de intensa coordinación interuniversitaria global que provea, en un contexto de creciente y deseable demanda mundial de educación, una potente oferta de enseñanza superior de máxima calidad, mínimo coste, notable flexibilidad y fácil acceso"*. ¿Cuál? *"El principio docente de plena competencia interuniversitaria (PDPCI)"* que anuncia su primer artículo. Retengamos y analicemos las consecuencias de los dos verbos empleados en su redacción: inducir, al que me referiré parcialmente a continuación, y proveer, que dejaré para las misivas que preparo.

Inducir, esto es, provocar o causar. ¿Qué? Ante todo un prometedor escenario abierto a una creciente a intensa coordinación interuniversitaria global. ¿Debido? A la drástica alteración que sufriría el actual juego de la oferta y la demanda de conocimientos en el ámbito de la educación superior. Permítame un ejemplo. Pensemos en alguien que reúna la triple condición de internauta, paciente y estudiante universitario. Como internauta podrá elegir la compañía con la que contratar los servicios de internet; puede que como paciente disponga del derecho a elegir médico, pero como estudiante matriculado en una universidad deberá conformarse con la capacitación académica que ésta le dispense en exclusiva. ¿En exclusiva? Sí. Y no me diga que para obtener un título no se necesita cursar en el centro académico de elección original todas y cada una de las materias que integran el plan de estudios, ya que podría acogerse al Programa SICUE/Séneca y cursar asignaturas en otra universidad española, al Programa ERASMUS para hacerlo en una universidad europea y, por supuesto, siempre tendría el recurso de trasladar su expediente académico a otra universidad, solicitar las oportunas convalidaciones y proseguir allí sus estudios. Sin embargo, tales opciones no quiebran el que llamo principio de exclusividad universitaria, inherente al hasta ahora inseparable trinomio capacitación-evaluación-titulación. No, rotundamente no, ya que, en lo esencial, cada universidad continúa asumiendo en solitario dicha triple tarea que constituye el eslabón esencial de la cadena de prácticas monopolísticas de la institución. Corolario: el sistema universitario actual —en España y en todo el mundo— funciona en un régimen de prácticas monopolistas. ¿Y? Pues que, sin detrimento de la tan cacareada movilidad del estudiante, habría que apostar a fondo por la libre movilidad de asignaturas. El siguiente ejemplo aclarará esta pretensión.

Pensemos en un estudiante, aspirante a cursar el grado de derecho, que reside en una pequeña población —por ejemplo, Almonte (este año sin Rocío)— que no dispone de universidad, pero está situada a medio camino entre dos capitales cercanas —Huelva y Sevilla— en las que sí podría hacerlo. Lo más probable es que se viese obligado a optar por trasladarse a estudiar a una de ellas a sabiendas de que la universidad de acogida asumiría la triple tarea de capacitarle, evaluar su aprovechamiento y, en su caso, expedirle el correspondiente título. Es lo que hay: el consabido menú universitario cuya finalidad primordial, reconozcámoslo, es garantizar que no le falte al profesor —en nuestro país un funcionario o asimilado inamovible— la parte alícuota de la carga docente que justifica la dotación de su plaza. Ahora bien, imaginemos que nuestro estudiante dispusiese de una enseñanza superior a la carta. Sí, que él y los más de doce millones que aspiran a un título en el espacio europeo de educación superior, pudiesen optar al mismo sin verse constreñidos por la exclusividad inherente al trinomio capacitación-evaluación-titulación. Es decir, que dispusiesen de la posibilidad legal de elegir libremente, a lo largo de todo su itinerario formativo, los centros que más les conviniesen para recibir la enseñanza de cada materia y ser evaluados de las mismas. En tal caso nuestro estudiante de Almonte tendría la fortuna de poder optar entre un amplio abanico de opciones susceptibles de reportarle un sinnúmero de ventajas. Avancemos algunas aunque, a lo largo de esta correspondencia, se verá sorprendido por la insólita multiplicidad de las que, irremediablemente, acabarían surgiendo. Podría seguir residiendo en el domicilio familiar; matricularse en el primer curso del grado de derecho en la Universidad de Huelva, pero sólo de aquellas asignaturas que le interesasen; trasladarse dos días por semana a su campus para asistir a las clases presenciales de las mismas; matricularse de derecho natural en la Universidad Pablo de Olavide y desplazarse un día a Sevilla, y permanecer el resto del tiempo en su pueblo cursando las restantes asignaturas en la UNED. Los créditos obtenidos tras superar las correspondientes evaluaciones en las dos universidades colaboradoras —UPO y UNED— se incorporarían de oficio a su expediente académico que gestionaría —y cobraría por ello— la universidad de acogida, en este caso la Universidad de Huelva o,

¿por qué no?, TITULA, esa agencia Agencia Española de Titulación Universitaria que incorpora al panorama académico el artículo 3 de *"mi proyecto de Ley Órganica"*.

Imagínese, Sr. Ministro, lo qué sucedería si, como es de esperar, hubiese actuado de manera similar la generalidad del alumnado, de esa y otras titulaciones que, en condiciones normales, se habrían matriculados en la UHU. No parece descabellado afirmar que se habría resentido la demanda de docencia presencial en aquellas materias en las que la oferta externa, le recuerdo, la libre oferta universitaria externa, ofreciese mejores condiciones de calidad y/o precio. ¿Atisba las consecuencias inmediatas? La UHU, como las demás universidades de características similares, se vería compelida a involucrarse con otras universidades en el proceso de puesta a punto de programas modélicos de docencia interuniversitaria abierta y a distancia, orientar hacia la investigación a la gran mayoría de su profesorado y, probablemente, a desprenderse o darle nuevos usos —cuente con que volveremos sobre esto— a sus mastodónticos campus de ladrillos, plagados de obsoletas aulas de bancos y encerados de pizarra.

Piénselo. Le diré más en mi siguiente misiva, pero déjeme avanzarle algunas cifras orientativas. Tome nota: un estudiante de primer curso del grado de derecho tiene una carga de trabajo de 1.500 horas para la obtención de 60 créditos. Si el 40% tuviese carácter presencial permanecería 600 en el aula. Es decir, debería asistir a 15 clases semanales durante un año académico. Si la *ratio* media alumno/aula fuese 100, los casi 20.000 que cursan el primer curso de dicho grado en nuestras facultades asistirán anualmente a 120.000 horas de clase. Cantidad que asciende a más de 700.000 si consideramos los 120.000 estudiantes que se matriculan anualmente en dicha titulación. Si, por mencionar sólo dos parámetros, la distancia media diaria de ida y vuelta al campus fuese de cinco km y dos horas el tiempo empleado en el transporte —puede que mucho más—, cada alumno deberá recorrer —contaminando, salvo que camine o use la bicicleta— en torno a 750 Km y dedicar a este menester un mínimo de 300 horas por curso. Proyectemos estas cifras al total de los universitarios españoles, europeos, mundiales y tendremos una primera idea de los ingentes recursos de todo tipo que esta tradicional práctica docente dilapida en pleno auge tecnológico de la sociedad del conocimiento. ¿Me va siguiendo?

Tercera carta
11.05.2020

LIBEREMOS A EURÍDICE

Comencé a escribir esta tercera carta, centrada en el alumnado universitario, —*"Desconfinemos al estudiante"*, era su título original— hasta que reparé en que la tarea, además de compleja, era literalmente imposible. El término *desconfinar* no está en el Diccionario de la Lengua. *"La entrada —indica— que se muestra a continuación podría estar relacionada: desconfiar"*. Nada, no nos vale. Mas si confinar, en la acepción que nos ocupa, es *"recluir a alguien dentro de límites"* probemos con su antónimo: *"libertar, soltar, liberar"*. ¿Valdría liberar? Pues, Sr. Ministro, liberemos al estudiante de una vez por todas en vez de continuar dejándolo en la estacada. Ya sabe, *"abandonarlo, dejándolo comprometido en un peligro o mal negocio"*. Máxime, si tenemos presente la recomendación de Ortega en *Misión de la Universidad*: *"La enseñanza en todo el mundo, obliga a que de 'nuevo' se centre la universidad en el estudiante, que la universidad vuelva a ser ante todo el estudiante y no el profesor, como lo fue en su hora más auténtica"*.[34] Y, así las cosas, me dispuse a proseguir con mi cantinela: abundar en las bondades de un modelo de enseñanza superior de nueva generación, estructurado en torno al eje vertebrador del PDPCI.[35]

Primero, resaltando cómo el reconocimiento del nuevo derecho universitario generado por su adopción induciría, en un vivificador clima de competitividad académica, una nueva demanda de enseñanza superior. ¿Recuerda? El alumno almonteño del otro día que sustituía ciertas asignaturas de su universidad natural por las de otras cuyas condiciones de estudio le resultaban más favorables. Una demanda de tal naturaleza que la mayor parte de los centros, desprovistos ya de su derecho exclusivo a enseñar, evaluar y acreditar para el ejercicio profesional, sólo podrían afrontar mediante la cooperación interuniversitaria. Cooperación, con un inevitable efecto sustitución, que despejaría el camino a los genuinos actores de la enseñanza superior del futuro: las interuniversidades abiertas.

Segundo, describiendo el papel esencial de estas instituciones de nuevo cuño, públicas y privadas, adecuadamente dimensionadas para el aprovechamiento de economías de escala en la utilización eficiente de todos los recursos tecnológicos disponibles para la programación interuniversitaria de la docencia y la ulterior comercialización de una oferta de enseñanza superior de máxima calidad, mínimo coste, notable flexibilidad y fácil acceso.

Tercero, mostrando cómo el papel nuclear de las mismas en el ámbito de la nueva docencia estimularía la liberación de cantidades ingentes de recursos humanos y materiales susceptibles de reasignarse, con criterios innovadores, entre los otros dos vértices del triángulo del conocimiento: la investigación y la innovación.

Cuarto, sugiriendo ideas, tipo TITULA,[36] para desarrollar una regulación jurídico-institucional fiable en el terreno de la acreditación oficial para el ejercicio profesional del nuevo modelo de docencia a la carta.

Quinto, invitando a imaginar la inevitable reconversión de los actuales campus, desprovistos de muchas de sus funciones tradicionales, en atractivos espacios y ambientes de convivencia y de enseñanza-aprendizaje, complemento irrenunciable de la docencia de las universidades abiertas. Campus que, lejos de acabar con la convivencia estudiantil y la irrenunciable relación presencial profesor-alumno, las modificaría, revitalizándolas en un atractivo y eficiente modelo de presencialidad. Una presencialidad reducida, pero mucho más intensa, útil, plural, igualitaria y gratificante. Y, por supuesto, mucho más rentable socialmente al abrir sus puertas no sólo a sus exiguos destinatarios tradicionales, sino a innumerables usuarios y colaboradores potenciales (tercera edad, trabajadores, empresarios, sociedad civil organizada...) hoy prácticamente excluidos de sus aulas.

Sin embargo, llegado a este punto, decidí cambiar de interlocutor y anunciarle que ésta sería mi última carta. Y es que, tras algunas de sus decisiones ministeriales, que paso a comentar brevemente, he dejado de considerar útil continuar argumentando las bondades de mis propuestas ante quien, sabiendo que, a la postre, conllevarían el fin de la universidad que conocemos, está dando muestras de no parecer dispuesto a arrostrar el envite. Y no me haga juegos malabares y saque de la manga el as de repoblar con estudiantes la España rural y vaciada. Idea brillante, pero que sabe inviable sin el efecto inductor del PDPCI. El pasado ya no tiene arreglo, pero ni confundamos, ni defraudemos al futuro.

"Se ha lanzado Conectad@s: la universidad en casa. Como ves, ya estamos en ello". Y mi interlocutor se quedó tan pancho. Mejor aún, tan ancho, que el remate de su mensaje rezumaba el envanecimiento propio de quienes han apoyado con su voto al Gobierno del que usted forma parte.[37] Tuve noticias de esa iniciativa conjunta de su ministerio y de la CRUE [38] desde su publicación, el pasado 19 de marzo, mas decidí omitir toda referencia a la misma. Por pudor, ya que para *"apoyar la transición de las enseñanzas presenciales a las enseñanzas online en las universidades del Estado español"* o, de manera más pretenciosa, *"facilitar la migración de su modelo presencial a la modalidad online"* sólo se les ha ocurrido airear un portal que no pasa de ser el catálogo de los *MOOCs* [39] de las dos universidades a distancia españolas (UNED y la UOC) y de otras,[40] que han querido hacer sus pinitos en la materia. Actuación que nos retrotrae a finales de los setenta, cuando la UNED —en época, no recuerdo ahora, si de Díez Nicolás o de Tomás Ramón Fernández— decidió inaugu-

rar su Programa de enseñanza abierta y ofreció, en un *totum revolutum* y sin la más mínima adaptación a los potenciales nuevos destinatarios, el listado completo de las asignaturas que integraban sus titulaciones. Chapuza y torpe aliño cosmético, entonces y ahora.

La propuesta de rebaja de las tasas académicas [41] que, claro está, supondría un alivio para muchos estudiantes, no pasa de ser una medida coyuntural que nada tiene que ver con la reducción sustancial de los costes estructurales de una enseñanza superior y, ¡atención!, de más calidad, que conllevaría la nueva docencia abierta de origen interuniversitario que propugno. El incremento al 25 por ciento del reconocimiento en términos de créditos de la de experiencia profesional o laboral y de enseñanzas universitarias no oficiales puede sonar bien, pero ¡ojo!, no quiebra el principio de exclusividad universitaria, inherente al hasta ahora inseparable trinomio capacitación-evaluación-titulación. No, rotundamente no, ya que, en lo esencial, cada universidad continuará asumiendo en solitario dicha triple tarea que constituye el eslabón esencial de la cadena de prácticas monopolísticas de la institución. Y el mismo reproche a su apuesta por la *"flexibilidad en los itinerarios"*, esto es, la posibilidad de que *"el alumnado curse asignaturas de dos o más títulos universitarios oficiales de grado, siempre y cuando sean materias de formación básica y hasta un máximo de la mitad de los créditos del Grado"* [42] Nada que objetar a que los planes de estudio tengan en cuenta los Objetivos de Desarrollo Sostenible. En cuanto a que los mismos incorporen la enseñanza del respeto a los derechos fundamentales, sé que no pasará de un nuevo intento, carente de eficacia práctica, de generar una nueva *"maría"*, potencial carne de carga docente a la que se lanzarán hambrientos los docentes de las áreas de conocimiento que se consideren concernidas. A menos que en los actuales campus prosperase mi propuesta de PAUTA/e 3.0[43] y, con ella, aflorasen los que denomino grupos o equipos de intervención ecociudadana,[44] pero eso ya lo trataré con Eurídice.

Y es que, a partir de ahora, aunque no pase de ser el sueño de un ya imposible retorno a mi viejo rol de representante estudiantil, me voy a dirigir a Eurídice, convencido de que la viabilidad de mi propuesta depende esencialmente de la actitud que adopte su colectivo. Sí, el de Eurídice. Ella será mi nueva musa; liberarla, mi objetivo. Sólo me comunicaré con ella y no me volveré para mirarla hasta no alcanzar la meta. Trataré de que conozca mis propuestas y reflexione sobre ellas. Y, para que acometa una reivindicación aún desconocida, le sugeriré una posible estrategia basada en dos iniciativas complementarias que hace años diseñé al efecto: ¡OPTA![45] (Optimiza tu aprendizaje) y ¡ACTÚA![46] (Adquiere competencias transversales en la universidad para la acción).

Sr. Ministro, Eurídice está sola. Y ella, al igual que el inquietante porvenir que ya no puede confiar en el presente, tendrá que liberarse por sí misma. Ni hay un Orfeo gentil presto a descender a los infiernos con su lira, ni volveremos a ver al tracio abandonando con su amada el Hades, tras adormecer con su música a Cerbero, como el artista [47] lo reflejó en uno de los frescos de la Biblioteca de El Escorial. Y es que Eurídice, esta nueva Eurídice universitaria a la que tanto urge liberar, no es mito, ni quimera. Sólo símbolo veraz y, sí, turbador acrónimo de estudiante universitario, rehén inerme de una docencia insostenible carcomida por la endogamia. Sí, la que imparten esas universidades caducas de las que usted es cabeza visible y parte.

Estudiante
Universitario
Rehén
Inerme de una
Docencia
Insostenible
Carcomida por la
Endogamia

Iniciativa ¡ALE, LEA!
Actúa leyendo, lee actuando

¡ALE, LEA!
actúa leyendo, lee actuando

ónediacciónediacciónediacciónediacciónediac

¡ACTÚA LEYENDO, LEE ACTUANDO!

Hace algunos años, cuando reflexionaba sobre cómo involucrar en la defensa de los intereses globales de los seres humanos a los millones de personas que ocupan su ocio navegando por Internet —algo que tendrá un crecimiento exponencial—, se sentaron a mi lado, en un local de acceso público a la red, tres mozalbetes de no más de doce años que comenzaron a hacerlo a golpes de timón absurdos y disparatados. ¿No habría algún modo, pensé, de que alguien, en su escuela o instituto, les propusiese un rumbo más productivo?

Se me ocurrió entonces que, tal vez, alguno de sus profesores o profesoras podría encargarles que buscasen en la red iniciativas, por ejemplo, en defensa de los derechos humanos, de la no discriminación, del interculturalismo o del medio ambiente: propuestas de acción o *ciberacciones* que ellos compartirían con sus compañeros de clase. Imaginé también que aquellos docentes, como la gran mayoría de sus colegas y demás residentes en el entorno, se encontraban participando en una sugestiva y multitudinaria plataforma —tipo PAU-

TA/e 3.0— para la autoformación y a la acción ecociudadanas (AEE).

Y, ¿por qué no?, alcancé a soñar, que alguno de aquellos escolares, los tres, tal vez, y, por supuesto, muchos de sus compañeros, también acabarían habituándose a concebir, diseñar y subir a Internet sus propias propuestas de acción en defensa de intereses colectivos. Ejercicio de gran utilidad que podrían llevar a cabo recurriendo, por ejemplo, a mecanismos o aplicaciones como las CPCR o cadenas de prestación colectiva por relevos, que expongo en el anexo I. 📂 Quehacer que brindaría sugestivas oportunidades de participación a ingentes cantidades de personas como ellos comprometidas en la tarea colectiva de construir una accesible y popular agenda global colaborativa para la acción. Hábito, que de generalizarse desde la infancia, posibilitaría, por fin, que la futura ciudadanía transitase por la senda de la ecociudadanía.

El hecho es que, ya en nuestro tiempo, todo usuario de Internet recibe en su buzón electrónico variopintas invitaciones a la acción en defensa de todo tipo de causas de interés colectivo que tienen su origen en cualquier parte del mundo. Y, en todo caso, sólo hay que acceder a las redes sociales para descubrir múltiples oportunidades en pro de la promoción y defensa del republicanismo global.

De ahí mis inquietudes y preguntas de entonces. ¿Cómo simplificar el proceso de búsqueda de causas de interés colectivo en Internet? ¿Cómo involucrar a un número creciente de potenciales activistas virtuales? ¿Cómo lograr, incluso, que éstos nuevos navegantes solitarios del ciberespacio cultiven tan creativa afición a concebir y subir ordenadamente a la red sus propias propuestas de acción? ¿Cómo poner a punto una especie de agenda global para la acción, colaborativa y popular, que simplifique y diversifique este quehacer?

El resultado fue una peculiar iniciativa que originalmente denominé AVISPA —Agenda virtual de iniciativas y sugerencias para la acción—, luego WIKIACT y finalmente WIKIACCIÓN. ⋈ Agenda que, en su inicio en los noventa, se limitó a ser un instrumento muy rudimentario asociado al material didáctico experimental del Proyecto INTERSUR PARA LA INNOVACIÓN POLÍTICA ⋈ y, posteriormente, a la promoción de la *Iniciativa ¡ALE, LEA!* que presenté en sede académica con motivo de la conferencia inaugural del Congreso Internacional Phonetic-Ace Award, celebrado de la Facultad de Filología de la Universidad de Sevilla, en diciembre de 2016.

¡ALE, LEA! —acrónimo de *"actúa leyendo, lee actuando"*— es, pues, mi actual propuesta para la promoción de un nuevo y revolucionario modelo de edición —la ediacción— que anuncié por primera vez en la primera edición (2015) de mi e.novela de texto *Noticia de un amanecer fugaz.* 🗁

EN LA SENDA DE LA ACTOLECTURA

¿Ediacción? Debería comenzar definiendo el vocablo, pero teniendo en cuenta determinada circunstancia que el lector no tardará en descubrir, creo justo rememorar el momento en el que *Daniel Viola* —su inventor— tuvo tan feliz ocurrencia. Fue una mañana de agosto de 2012, en un punto del tramo de la tortuosa carretera que une la ciudad ecuatoriana de Cuenca con Macas, capital de la provincia de Morona-Santiago, cuando los vehículos de nuestra expedición se dirijan al Centro Amazónico para la Ecociudadanía. ⚞

—¡Lo tengo! —exclamó Dani—. Os dije que lo lograría: el campo de la ecdótica ya cuenta con un nuevo vocablo.
—¿Ecdótica? —preguntó la colombiana con su voz melosa.
—Dícese de la disciplina que estudia los fines y los medios de la edición de textos.
—¡Ah!
—Él es así —aclaró Álvaro observando de reojo el gesto de perplejidad de la chica por el retrovisor—. ¿Cuál?
—*Ediacción*, del lat. *editĭo, -ōnis* y *actĭo, -ōnis*, edición que incluye recursos para la acción. 🗁

Probablemente, Dani podría haber elegido otro vocablo, pero este fue su razonamiento...

—¿Ediacción?... Podría servir —comentó Álvaro sin parecer muy convencido.
—¡Atiende a la carretera! —volvió a recriminarle Tere, satisfecha de haber recuperado su puesto de copiloto en el asiento corrido del *Land Rover* que compartía con Ágata.
—Sigue dándole vueltas; necesitaríamos algo más específico para designar lo que nos proponemos.
—¿Y qué os proponéis? —inquirió la chica mulata, decidida a no escatimar su concurso si se trataba de hurgar en el léxico.
—Inventar un término para denominar la edición de textos que incorporen la PF.
—¿*Peefe*?
—Participación fraccionada, Yadira, pero olvídalo, qué es jerga propia de una técnica endiablada que estos se han inventado... ¿cómo la llamáis?

—Asociativo-decisional —precisó Álvaro, celebrando con una sonrisa el recuperado destello de buen humor de María.

—Eso, técnica asociativo-decisional de PF. ¿Te dice algo, Yadira?
—Parece que no —respondió Dani, siempre al quite, poniendo voz a la negación de la colombiana, que aún tardó unos instantes en caer en la cuenta de que los grandes ojos grises y extraviados de María eran incapaces de advertir su expresivo gesto.
—¿Te lo cuento?
—Claro —entrando al trapo.
—¡Yadira, por Dios, no les des alas! —María.
—Hazlo —ordenó Tere—, pero ni te enrolles, ni continúes apartando la vista de la carretera. ¡Qué manía!
—Seré telegráfico: modelo de nueva generación que asocia la participación política al ocio. Ni más, ni menos. Puedes llamarlo *ps*, *pda* o *pic*, es de-

cir, participación sucesiva, desagregativo-agregativa o por impulsos complementarios. ¿Mejor ahora?

—No.

—Pues tendrás que esperar a que te desvele el misterio la novela de Teresa.

—Nuestra —ella, amagando con pellizcarle.

—¿De eso trata?

—Sí.

—¡Qué amena! —exclamó Ágata con sorna.

—Ahora en serio —prosiguió Álvaro—, la novela de Teresa —la chica, ahora sí, se cebó en su pierna con ahínco— incorpora una serie de símbolos que invitan al lector a ejecutar una panoplia...

—¿Pano... qué?

—Pa-no-pli-a. Del griego; de *pan*, todo, y *hoplon*, arma. Armadura completa con todas las piezas. Colección de armas ordenadamente colocadas. Parte de la arqueología que estudia las armas de mano y las armaduras antiguas. Tabla, generalmente en forma de escudo, donde se colocan floretes, sables y otras armas de esgrima.

—¿Y qué, Dani?

—Que, por extensión, quiere decir colección.

—¿De qué?

—De acciones; desde consultar un documento y oír música, hasta ver fotos, protegerse del sol o malcomer con un consejo culinario de emergencia.

—Les he dicho que es una barbaridad, que deberían limitarse a incluir en el texto los símbolos inherentes a la actoescritura, pero se aferran a su error con denuedo. Vaya, que no se bajan del burro.

—María se refiere a las *infoalfas*, *alfaflechas* y *geopeefes* esparcidas en el texto para posibilitar la actolectura.

—Repite, Álvaro.

—Las *infoalfas* iα proporcionan la información necesaria para actuar con conocimiento de causa; las *alfaflechas* α⊳ muestran un elenco de ciberacciones, previamente recopiladas, susceptibles de ser activadas.

—¿Y geo... qué?

—*Ge-o-pe-efe:* generador de oportunidades de participación fraccionada. gOPf Un símbolo insertado en la narración que invita al lector a que conciba y publique en Internet sus propias propuestas de acción.

—Yadira, te lo acabo de advertir: su argot no tiene límites.

—Son símbolos PF que animan al lector-ciudadano a detener momentáneamente la lectura y a ponerse las pilas ante lo que allí se narra o se sugiere —aclaró Tere en un alarde de concisión.

—¡Ya!, —exclamaron ambas al unísono—. Un ejemplo práctico, por favor.

Dani abrió su comunicador, buscó uno de los textos breves que tenía preparados y se lo envió a ambas.

...Y, qué duda cabe, que todo ello está íntimamente relacionado con el cambio climático. iα *De ahí que resulte esencial involucrar a los ciudadanos en la adopción de medidas personales que contribuyan a ponerle freno* α> *y, también, en la tarea colectiva de sensibilización permanente de sus conciudadanos...*
gOPf

—Cuando tengáis Internet leed mi mensaje y pulsad en los símbolos.

—Dani, creo que también podría servir el término *ilustracción.* —Álvaro reanudaba su diálogo a través del espejo.

—Sí, pero lo he desechado por su connotación decorativa. —Tajante.

—¡Para y déjame conducir! —decidida a cortar aquel imprudente uso reiterado del retrovisor.

—A la orden, Teresa guapa.

La idea de acomodarse entre ambas y extender los brazos por detrás de sus hombros le decidió a pasarle los mandos. Y como frenó con cierta brusquedad, *Boliche*, que dormitaba entre el equipaje, ladró sobresaltado. Le había caído encima una de las mochilas, mas no había que descartar en animal tan despabilado que su reacción se debiese al descubrimiento de una mano intrusa que toqueteaba sin el menor recato la nuca de su protegida.

—Ilustrar también es instruir, civilizar...
—Y, dicho de Dios, *alumbrar interiormente a las criaturas con luz*. ¡Nos ha fastidiao! —Dani sólo, en muy contadas expresiones coloquiales, se permitía el dialectal rechazo de la "d" intervocálica. Y nunca, por supuesto, cuando su caída provocaba la fusión de dos vocales haciendo que expresiones como ¿adónde vas? y ¿de dónde vienes? sonasen ¿ande vas? y ¿onde vienes?—. Lo que digo, Álvaro, es que la aplicación del verbo ilustrar a una obra literaria resalta la acepción de adornar. Si en la futura portada de *Noticia de un amanecer fugaz*, en vez de aparecer *Ediacción a cargo de María Atauta y Naylea Arce*, se anunciara que ambas son las autoras de las *i-lus-trac-ci-o-nes*, puede que el lector, además de sorprenderse por lo que tacharía de imperdonable errata tipográfica, asociara su aportación a la de Gustavo Doré en la conocida edición ilustrada de *El ingenioso hidalgo Don Quijote de la Mancha*.

—De acuerdo, Dani. Utilicemos *ediacción* para designar el proceso de edición específico de aquellas obras, como *Noticia de un amanecer fugaz*, destinadas *ab initio* a la actolectura y *reediacción* a la actualización y enriquecimiento de las mismas.

Lo cierto es que se trata de tan original e inesperada simbiosis entre la literatura y la política que, al abrir de par en par las puertas a la actoescritura, condicionará el hecho de leer y, en consecuencia, de aprender y de participar en la vida pública.

ACTOESCRITURA

(Del lat. *actus*, acción o ejercicio de la posibilidad de hacer, y *scriptūra*, acción efecto de escribir), modalidad de escritura en la que el autor sitúa ciertos signos —*infoalfa, alfaflecha* y *geopeefe*— tras ciertos términos, frases o contextos con la finalidad de que el lector pueda ejercer la actolectura.

ACTOLECTURA

(Del lat. *actus*, acción o ejercicio de la posibilidad de hacer, y del b. lat. *lectūra*, acción de leer), modalidad de lectura durante la cual el lector dispone de la posibilidad de actuar. O, más precísamente, de aprovechar las oportunidades que le brinda el texto para intervenir en los asuntos públicos mediante la activación de los enlaces o hipervínculos incorporados a tres signos *ad hoc* que siguen a ciertos términos, frases o contextos —*infoalfa, alfaflecha* y *geopeefe*—.

INFOALFA

Signo i𝛂 empleado en la actoescritura que incorpora un enlace o hipervínculo susceptible de ser activado por el actolector para obtener información que le ayude a actuar con conocimiento de causa.

ALFAFLECHA

Signo de propuesta de acción empleado en la actoescritura, compuesto con la letra alfa y el extremo puntiagudo de una flecha horizontal (𝛂▻), que incorpora un enlace o hipervínculo, susceptible de ser activado por el lector para aprovechar las oportunidades de intervención en los asuntos públicos que le brinda el texto.

GEOPEEFE

Contracción de generador de oportunidad de participación fraccionada —expresado con el signo **gOPf**— que incorpora un enlace o hipervínculo susceptible de ser activado por el lector que desee publicar en Internet sus propias propuestas de acción.

Un devenir generador de tal empoderamiento ecociudadano que revolucionará el autoaprendizaje y tornará obsoleta la democracia conocida. Y por ello, con toda probabilidad, resultará inicialmente subversivo para la gran mayoría de la pléyade creciente de escritores convencionales, de la maraña editorial que los sustenta y, sobre todo, para aquellos sectores del poder tradicionalmente recelosos de la generalización e intensificación exponencial de procesos de autoformación y acción ecociudadanos.

¿Inexorable transición hacia la actolectura generalizada del futuro? ¿Original simbiosis entre la literatura y la política? ¿Devenir generador de empoderamiento ecociudadano que revolucionará el autoaprendizaje y tornará obsoleta la democracia conocida? ¿Función que condicionará el hecho mismo de escribir, editar y leer? Lo explicaré recurriendo a un texto ediaccionado.

¿EDIACCIÓN?

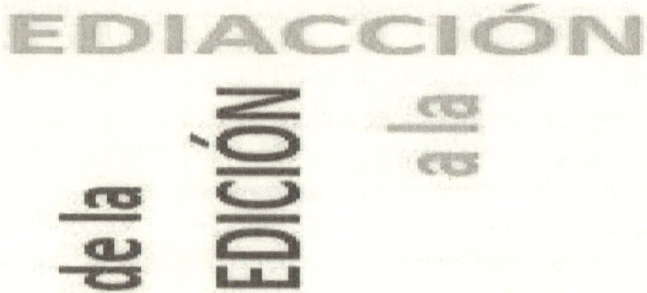

Sevilla. Antigua Fábrica de Tabacos. A las diez horas de un diecinueve de diciembre. Aula de Grados. 📷 Facultad de Filología. Universidad de Sevilla. Congreso Internacional Phonetic-Ace Award. Conferencia inaugural. 📷

PROGRAMA CONGRESO INTERNACIONAL PHONETIC- ACE AWARD
Universidad de Sevilla 19 y 20 de diciembre de 2016
LUNES, 19 DE DICIEMBRE DE 2016 (MAÑANA)
Moderan: Liliana Lizondo y Carmen C. Castro Moreno
CONFERENCIA INAUGURAL
AULA DE GRADOS
10:00h Luís de la Rasilla Sánchez-Arjona
Dr. Ciencias Políticas Profesor de Derecho Internacional
Universidad de Sevilla y Huelva
luisdelarasilla@gmail.com
De la Edición a la Ediacción. En la senda de la Actolectura

Tras la presentación de rigor, realizada por la profesora Carmen Castro, tomó la palabra Álvaro Díaz-Cueto —*un francotirador cuya dilatada carrera de fondo arrancó una noche estrellada de invierno a la vera de una plaza de toros y de la más bella y esbelta de las giraldas; en la milenaria Sevilla, cuando las aguas del Guadalquivir aún discurrían hacia el Atlántico bajo los bellos arcos de hierro forjado del Puente de Triana.*

—Seré breve para posibilitar el debate. Pondré tres ejemplos prácticos. Concluiré mi intervención con una recomendación y un vídeo de poco más de dos minutos de duración. Y ahora, si me lo permitís, mencionaré tres características que no reúno y tres que sí. No soy escritor, no pertenezco a ninguna de las áreas de conocimiento o gremios profesionales propios de los asistentes habituales a congresos de esta naturaleza y, aunque lo he sido durante algunos años en la década de los noventa, ya no soy profesor de la Universidad de Sevilla. Eso sí, soy politólogo, como se desprende de mi titulación universitaria de doctor; también político, aunque he procurado actuar siempre desde la cuneta de la innovación y, por supuesto, soy ecociudadano en ejercicio.

—¿Quiere decir ecologista, no? —intervino alguien con quién había pactado la pregunta para romper el hielo.

—Quiero decir ecociudadano. 📂
—¿No es lo mismo?

—No. Y lo habrías descubierto si hubieses pulsado el símbolo situado tras el vocablo.
—¿Qué símbolo?
—Disculpa, tienes razón: estás hablando y no leyendo, pero sabrás a qué me refiero exactamente en cuanto consiga convencerte para que leas la *ediacción* transmedia e hipertextual de esta ponencia.

Sacó de su cartera un fajo de pequeñas cartulinas amarillas 🗁 y se levantó para repartirlas entre los asistentes al tiempo que les indicaba la finalidad del par de direcciones de Internet que contenían: una, para que pudiesen acceder al texto ediaccionado de lo que se disponía a contarles; otra, para que le diesen un toque original y solidario a sus inminentes felicitaciones navideñas. Y, de vuelta a la mesa, comentó que la ponencia que había preparado no era un escrito académico al uso, sino el avance de un capítulo que, con sus aportaciones, pensaba incluir en *Despierta la libélula*, la tercera parte de *Noticia de un amanecer fugaz*, trilogía de la que les acababa de facilitar un folleto de presentación. 🗁

—Y ahora, para que nadie se llame a engaño, os advierto que no tengo abuela. Expresión que, por si alguien no lo pilla, se dice en inglés *to be full of one's self*. Y, por supuesto, dada mi desbordante ima-ginación y creatividad me he convertido en un visionario. Corolario: si por mis limitaciones podría ser acusado de intruso o impostor; por mis virtudes, de contador de cuentos. No lo descartéis, pero, ¡ojo!, que los cuentos, no siempre cuentos son.

Hizo una breve pausa para beber un sorbo de agua y comenzó su exposición.

—De la *Edición a la ediacción*. ¿Qué parte del título no habéis entendido?

Nadie tuvo tiempo de reaccionar, pues se les adelantó: la provocación era su fuerte.

—¿Acaso *ediacción*? Mal asunto, pues se trata de un vocablo con un futuro más que prometedor... ¿Que lo dudas? —se adueñó de la ingenuidad de una chica para darle a su esbozo de sonrisa el sentido que le convenía—. Es más, me atrevo a afirmar que la transición de la edición a la *ediacción* es inexorable.

—Ignoro qué pretende anunciarnos con ese neologismo —se aventuró a comentar alguien demasiado joven para la aseveración que se disponía a hacer—, pero ya le digo que el libro tradicional no desaparecerá nunca. A mí... —trató de proseguir sin éxito.

—Perdona que te interrumpa... ¿te llamas?
—Arturo.
—Arturo, seguramente te disponías a reivindicar el placer sin igual del rito-tópico de ir pasando páginas al efluvio peculiar de la tinta y del papel. Y aunque, por razón de tiempo, nos vas a ahorrar tu alegato te agradezco la declaración: me acabas de dar pie para afirmar que mi discurso poco o nada tiene que ver con el manido debate sobre si papel sí o papel no. Por supuesto que la

ediacción es incompatible con el soporte al que aludes y, hasta hace bien poco, incluso con la gran mayoría de dispositivos y formatos destinados a almacenar, reproducir y leer libros. Y es que un requisito *sine qua non* para su viabilidad es el empleo de un soporte lector y comunicador inteligente conectado a Internet que reproduzca y permita activar el conjunto de símbolos-hipervínculos específicos incorporados al texto ediaccionado.

—Algo ya disponible —apuntó desde el fondo del aula su sobrina Carmen Cañal, ⊰⊱ estudiante de Filología francesa en la facul

—Y cuyo uso llegará a generalizarse alcanzando grados de sofisticación insospechados —añadió otro de los asistentes.

—Así es. Constituye un requisito de índole material imprescindible, pero ¿a que no adivináis la verdadera causa de esa inexorable transición de la edición a la *ediacción* que pronostico? —Aguardó unos instantes sin que nadie respondiese y les dio una pista—. Tiene que ver con la literatura.

—¿Que facilitará el acceso de mucha más gente a la lectura? —apuntó la novelista que poco antes de comenzar había alabado el prospecto de presentación de *Noticia de un amanecer fugaz*.

—Que abaratará los costes de la edición...

—Que... que... que...

—Todo eso es cierto, pero la clave está en que la *ediacción* aportará una función nueva, insospechada y, con toda probabilidad, subversiva a la literatura. Función, y lo digo alto y claro, que condicionará el hecho de escribir y de editar al abrir de par en par las puertas a la actoescritura y, por ende, a la actolectura. Es más, puede que se trate de una *"robusta revolución pedagógica de fértiles consecuencias psicosociales y políticas"*, como ha indicado recientemente en *Facebook* Salvador García

Bardón, ⋈ profesor emérito de la Universidad de Lovaina y especialista en Semántica y Lexicología, que tuvo la gentileza de comentar 👉 extensamente el borrador de este texto admitiendo que los axiomas que sustentan mi tesis le hacen pensar en los que él mismo defendió en más de una ocasión como explicativos de la revolución cervantina de la escritura. 👉 👉

—Definiciones, por favor. —Arturo.

—Actoescritura. Del latín *actus*, acción o ejercicio de la posibilidad de hacer; y *scriptūra*, acción efecto de escribir. Modalidad de escritura en la que el autor sitúa o emplaza determinados signos tras ciertos términos, frases o contextos con la finalidad de que el lector pueda ejercer la actolectura. Del latín *actus,* acción o ejercicio de la posibilidad de hacer; y del bajo latín *lectūra*, acción de leer. Modalidad de lectura durante la cual el lector dispone de la posibilidad de actuar. O, más precisamente, de aprovechar las oportunidades que le brinda el texto para intervenir en los asuntos públicos mediante la activación de los enlaces o hipervínculos previamente incorporados por el actoescritor a dos signos *ad hoc* que siguen a ciertos términos, frases o contextos. Tres, por ahora: la *infoalfa*, *alfaflecha* y el *geopefe*.

—¿Info, alfa, geo... que? —varios asistentes.

—*Infoalfa* —les explicó— es un signo (i𝛼) empleado en la actoescritura que incorpora un enlace o hipervínculo, susceptible de ser activado por el actolector, para obtener información que le ayude a actuar con conocimiento de causa. *Alfaflecha* es el signo (𝛼➤) de propuesta de acción empleado en la actoescritura. Compuesto con la letra griega alfa y el extremo puntiagudo de una flecha horizontal, incorpora un hipervínculo susceptible de ser activado por el lector. *Geopeefe*, contracción de generador de oportunidad de participación fraccionada, expresado en la actoescritura con el signo (gOPf), que incorpora un enlace o hipervínculo susceptible de ser activado por el lector que desee publicar en Internet sus propias propuestas de acción originales. Tres códigos —aclaró— propuestos por él y puestos en circulación años atrás.

—Os aseguro que el título de la ponencia tiene sentido: *De la edición a la ediacción: en la senda de la actolectura.* Y digo esto para tranquilizar a quien compuso el programa inicial de este congreso, incluso al mismísimo corrector que utilizó que, en un claro ejemplo de lógico sinsentido, se limitó a escribir: *De la edición a la edición.* Y ahora al grano. Lo primero será dar una definición. O mejor, teniendo en cuenta que, salvo error u omisión, es la primera vez que el vocablo se menciona con este sentido en sede académica, creo que debo rememorar el momento en que su inventor tuvo tan feliz ocurrencia —Álvaro abrió el tocho impreso de *Noticia de un amanecer fugaz* por la página 380 y comenzó a leer.

—Fue una mañana de agosto de 2012, en un punto no identificado de la tortuosa carretera del Oriente que une la ciudad ecuatoriana de Cuenca con Macas, la capital de la provincia de Morona-Santiago, cuando los vehículos...

Y el ponente, que continúo leyendo, concluyó: Y así, como si nada, *un tipo joven, ocurrente donde los haya, listo como el hambre, licenciado en Derecho por la Universidad de Sevilla y rondeño por más señas,* le da jaque mate a Gutemberg proponiendo un vocablo que lleva implícita la inexorable transición de los modos conocidos de edición hacia un ámbito insospechado: la actoescritura y la actolectura. Realidad que hará actoescritor —mal que le pese— a quién se aferre al papel convencional —soporte y, en cierta medida, rol— y convertirá en actolector al *homo ociosus* del futuro.

—¿Que le hace pensar que el hombre del futuro será un ser ocioso? —quiso saber Elvira.

—Todo. Keynes ya lo vaticinó en su *Essays in Persuasion* al advertir que en el futuro...

—¿Qué futuro?

—En el futuro, dejémoslo así para no pillarnos los dedos, la Humanidad —decía el influyente economista británico— deberá afrontar como problema global la utilización de su nueva independencia con respecto a las preocupaciones económicas y, en consecuencia, replantearse la existencia y su nuevo rol en el planeta Tierra. De hecho, recordando a Jeremy Rifkin en su *Economía del Hidrógeno,* pensemos en que los imparables avances de la infocomunicación y de la inforobótica, añadidos a la sustitución del actual modelo energético piramidal por otro de estructura más horizontal, que posibilite a gran escala la generación distribuida de energía procedente de fuentes renovables, situarían a la Humanidad ante la realidad sugerida por el economista británico. A menos, claro, que lo impida el cambio climático. Lo cierto es que ya en nuestra época la transformación del tiempo libre en ocio mediante el recurso a una innumerable gama de actividades de consumo generadoras de movilidad —sea real o virtual— cada vez más insospechada, propicia un nuevo y sugestivo espacio de socialización cuyas casi inimaginables potencialidades, buenas, indiferentes o perversas, no deberían despreciarse por muy lejanas o utópicas que puedan antojársenos. Estoy convencido que, guste o no guste, se crea o no se crea, un nuevo *homo ociosus* nos aguarda. De ahí que me cuestionase, hace bastantes años, la viabilidad de encauzar el tiempo libre del ser humano —del que ya muchos disponemos en proporción creciente— hacia un modelo de ocio autoinstructivo.

—¿Ocio autoinstructivo?

—Un modelo que primase el interés por los asuntos públicos y recondujese progresivamente nuestra larga evolución de *homo depredator, cultor, faber, creator, ociosus* en *homo republicanus* (de *res pública*, cosa pública). Un flamante y generalizado *homo republicanus*, utópico hoy, tangible tal vez mañana, capaz de hacer realidad el ideal político del ejercicio responsable y generalizado de una democracia ecociudadana directa en la que los nuevos ecociudadanos dotados de útiles políticos de nueva generación asuman por fin —como he explicado con detalle en *Puedo, puedes... ¿podemos?*, 🗁 y en *Asociacionismo blando y participación a la carta* 🗁— el papel usurpado por sus poco escrupulosos y nada eficientes representantes políticos.

—Lejos me lo fía.

—Pues ese parece el pronóstico. Puede que el artículo *¿Qué haremos con el tiempo libre que nos dejarán* *los robots?*, 📂publicado hace unos días en el diario *El País,* te ayude a situarte en el contexto adecuado.

—¿Ocio y democracia?

—Dada la creciente omnipresencia del ser humano ante la inmensa panorámica que propicia Internet, la clave —me dije— podría estar en comenzar a incorporar de manera natural y sugerente el componente cívico y de interés por la cosa pública en los hábitos de ocio placentero de los seres humanos, en especial en el ámbito de la movilidad asociada a los desplazamientos geográficos y al turismo. Y también en otros.

Pero dejemos eso: bastará, por ahora, con retener el término ocio que resultará esencial para comprender la tan inusitada como prometedora alianza de la literatura y la política.

—Eso ya viene de lejos.

—Me consta, Carmen, pero no con la intensidad, ni con las connotaciones que anuncia mi propuesta. Y este el momento de retener tres ideas claves. Primera: que la incorporación de recursos para la acción que caracteriza a la *ediacción* sólo será viable merced a la asociación de la escritura con adelantos por venir en el ámbito de la ingeniería política y social hoy inimaginables. Segunda: que, en su momento, dicha simbiosis entre literatura y política revolucionará el autoaprendizaje de lo público y generará tal empoderamiento ecociudadano que tornará obsoleta toda democracia conocida. ⍺> Tercera: que el rechazo a ese devenir no sólo será feroz por parte de la pléyade creciente de escritores convencionales y de la maraña editorial que los sustenta, sino, sobre todo, de los sectores del poder recelosos de la generalización e intensificación exponencial de los procesos de autoformación y acción ecociudadanos.

—¿Y eso es lo que cuenta en su novela?

—Sí, entre otras cosas. Da noticia detallada de algunos adelantos por venir en el ámbito de la ingeniería político y social, en concreto de la técnica asociativo-decisional de la participación fraccionada que conoce bien mi buen amigo y director de mi tesis doctoral, el Prof. Ramón Soriano, ⌨ catedrático de filosofía de derecho de la Universidad Pablo Olavide, que nos acompaña en este acto.

—¿Por qué *Noticia de un amanecer fugaz*?

—En realidad no venía a hablar de mi libro, pero ya que nuestra compañera ha sacado el tema... ¿Os imagináis un amanecer fugaz? No resulta fácil, pero creo que ayudará la siguiente imagen. Andaba yo, años atrás, buscando con denuedo un título para la obra que comenzaba a escribir cuando el azar quiso que viniese en mí ayuda el conocido astronauta e ingeniero aeronáutico español Pedro Duque.

—Es tal la cantidad de energía necesaria para activar una lanzadera —le comentó al periodista que le entrevistaba en la radio— *que es como si en plena noche amaneciese en Cabo Cañaveral.*

Y es que —les explicó, Álvaro— la creatividad humana, al igual que la formidable llamarada que genera la ignición nocturna del combustible que impulsa al transbordador espacial, puede llegar a anticipar el panorama de un amanecer fugaz. Y esto, exactamente esto, es lo que pretende la e.novela de texto 🗁 que os acabo de proporcionar. Sí, de anticipar el lúcido e insospechado espectáculo de una alborada antes, mucho antes, de que despunte el alba. Un alba con la que, por si alguien se había hecho ilusiones, no despertaremos ninguno de los presentes, pero que un día llegará.

—¿Y qué tiene que ver lo que nos has contado con esa organización denominada *wikiaccion*?

—De entrada no es una organización, simplemente un complejo recurso, inseparable de la *ediacción*, al que me referiré cuando formule mi recomendación final.

—¿Podrías poner un ejemplo práctico?

—Por supuesto, Carmen. He preparado dos: el primero es una versión resumida de la primera experiencia, narrada en el capítulo *Lee y actúa* de *Quiebra el albor*, segunda parte de mi e.novela de texto *Noticia de un amanecer fugaz,* 🗁 que vivimos en una escuela ecuatoriana, cercana a nuestro Centro Amazónico de la Ecociudadanía (CAE), ✂ durante el verano de 2012. El segundo es una dedicatoria incluida en un artículo reciente.

DOS EJEMPLOS PRÁCTICOS

EN UNA ESCUELA DE LA AMAZONÍA

UNA DEDICATORIA COMPROMETIDA

EN UNA ESCUELA DE LA AMAZONÍA ECUATORIANA[48]

Sucua, Morona-Santiago, Ecuador. 20.09.12, 10 h.

Algo más de una treintena de escolares, seleccionados de entre diversos centros educativos, esperan en el patio. Suena una campana y todos entran en un aula grande en la que descubren asombrados dos hechos inusuales: que sus propios profesores ocupan parte de aquellos pupitres pintarrajeados y que un perro negro, con cara de buen perro, les mira impasible desde la tarima. Pronto, Mercedes, la joven maestra que dirige el encuentro, toma la palabra.

—María acaba de llegar de España y os va a explicar en qué consiste el concurso en el que vais a participar.

—Este es *Boliche* —dijo convencida de que su perro guía ◉ era el centro de interés de aquellos escolares—.⁴⁹ Ha sido adiestrado para convertirse en los ojos de una persona totalmente invidente como yo. Si ahora —María sacó un arnés amarillo de su pequeña mochila— digo *"pon"* —el perro se levantó y acercó la cabeza a sus manos— me deja que se lo coloque. Si le ordeno *"avanza"* comienza a guiarme —*Boliche* caminó lentamente hacia el extremo derecho de la tarima deteniéndose al llegar a los escalones.

**COMPORTAMIENTO
ANTE LA PRESENCIA DE UN PERRO-GUÍA**

NO ME DES DE COMER NI ME LLAMES CUANDO ESTOY TRABAJANDO. LOS SILBIDOS ME DISTRAEN.

SI QUIERES SALUDARME PREGUNTA PRIMERO A LA PERSONA.

NO DEJES TU PERRO SUELTO CERCA DE MÍ. INTENTA CONTROLARLE.

PARA DAR UNA INDICACIÓN A MI DUEÑO, NO TIRES DE LA CORREA NI ME AGARRES EL ARNÉS.

RECUERDA QUE SOY LOS OJOS DE UNA PERSONA. NO IMPIDAS MI PASO A LOS ESTABLECIMIENTOS NI TRANSPORTES. LA LEY ME AMPARA.

NO ME TENGAS MIEDO. NI SOY AGRESIVO NI TRASMITO ENFERMEDADES.

SI CUANDO VAS CONDUCIENDO VES QUE INTENTO CRUZAR, TEN PRECAUCIÓN Y PARA A DISTANCIA SUFICIENTE PARA NO ASUSTARME.

FACÍLITAME UNA UBICACIÓN CÓMODA EN LOS TRANSPORTES PÚBLICOS.

Fuente: ONCE

—¡Cuidado! —gritó una de las chicas haciendo un amago de levantarse para ir en su ayuda y evitar que tropezase.

—Gracias, amiga. ¿Has visto como se ha parado para advertirme del peligro? Fijaos, si le digo *"marca"* —el perro comenzó a bajar—, me va señalando la posición de los peldaños. Y ahora, igual que a vosotros, a él le encantaría que continuásemos hacia el jardín, pero antes tenemos que hacer algo aquí dentro. Así que *"atrás"* —obediente, giró 180 grados a la derecha y rehízo lo andado. Ella se sentó, le retiró el arnés, pero en vez de decir *"sienta"* le ordenó un inesperado *"vete con Dani"* que *Boliche* obedeció saltando desde de la tarima y dejándose acariciar por su nuevo amigo y cuidador oficial durante las últimas semanas.

—¿Y si estuvieses esperando al autobús te avisaría cuando llegase? —quiso saber el chico que compartía pupitre con Dani.

—Aunque es muy inteligente no puede leer. Su trabajo es guiarme en el trayecto hacia la parada. Una vez allí, cuando yo confirme con el conductor u otro viajero que pertenece a la línea que espero, se lo indico y me lleva a la puerta, marca el estribo y me ayuda a subir.

—Y si... —se dispuso a preguntar una chica.

—Un momento —interrumpió María—, escuchad con atención y después os contaré todo lo que queráis saber sobre los perros guía. ¿Os parece? —Asintieron y Dani hizo una indicación a Yadira para que comenzase a leer un breve texto extraído de una conocida obra de la literatura universal.

(...)

—¿Le suena a alguien lo que Yadira ha leído?

Varios izaron la mano y una chica anticipó su respuesta. Rondaría, como todos, los quince años.

—Es el inicio de *La Eneida* de Virgilio.
—Muy bien. ¿Y qué sabes de ese texto?
—Que las naves de los troyanos, que navegaban rumbo a Italia, fueron dispersadas por la tempestad provocada por Eolo cuando Juno le ordenó que desatase a los vientos...
—Es suficiente, gracias. Si estuviésemos en clase de latín o de literatura podríamos debatir sobre la originalidad de Virgilio, la personalidad de Eneas o el influjo de la obra o, incluso, preguntarnos para qué fue Virgilio a Grecia, ¿a quién dedica su obra y por qué?, ¿qué razones tenía Juno para odiar a los troyanos?, ¿qué esperanzas da Eneas a los derrotados?, pero no es el caso. —Él mismo bajó una de las persianas para evitar que la luz del sol velase la visión de la dispositiva que mostraba la primera parte del texto leído por la colombiana.

> *"Yo, aquel que en otro tiempo modulé cantares al son de leve avena, y dejando luego las selvas iα obligué a los vecinos campos a que obedeciesen al labrador, aunque avariento, obra grata a los agricultores, ahora canto las terribles armas de Marte y el varón que, huyendo de las riberas de Troya por el rigor de los hados, pisó el primero la Italia y las costas Lavinias".*

—¿Y ese símbolo? —uno de los escolares.
—Fijaos —intervino María— pues tiene mucho que ver con el concurso en el que vais a participar. Lo llamamos *infoalfa* y os vamos a explicar su significado.

Mientras Tarald grababa todo lo que sucedía en el aula Dani se acercó al chico con el que había compartido el pupitre y le entregó un artilugio con apariencia de bolígrafo. *Boliche* hacía un rato que observaba desde su puesto de trabajo.

—¿Te llamas Esakua, verdad?
—Entsakua —precisó éste—. *Entsa* significa río y *kua* quiere decir que hierve: agua que hierve. Es un nombre *shuar*.
—¿Sabes qué es?
—Un puntero láser —respondió con altiva seguridad, como queriendo dejar sentado que había transcurrido mucho tiempo desde que sus antepasados, los jíbaros que sufrieron los conquistadores españoles, practicaban la reducción de cabezas.
—No exactamente, pero apunta a la *infoalfa* y aprieta este botón.

Lo hizo y, tras varios intentos sin fortuna, una página electrónica comenzó a cargarse lentamente en la pantalla. En grande, sobre un fondo de árboles gigantescos, un título: AMAZONAS.

—Se trata, como veis, de una página electrónica de la organización *Greenpeace* cuyo objeto es proporcionar información sobre el deterioro de ese espacio considerado el *"pulmón del mundo"*.

La Amazonía, la mayor región tropical del planeta, pierde cada año enormes extensiones de selva, emitiendo grandes cantidades de gases de efecto invernadero en un contexto de violencia y violaciones de los derechos humanos. Si queremos evitar un empeoramiento del cambio climático, la pérdida de su rica biodiversidad α> y garantizar la supervivencia de los pueblos indígenas, es funda-

mental detener la deforestación y degradación de la Amazonia.

—¿Y ese otro símbolo intercalado en el texto?
—¿Cómo te llamas?
—Sarita.
—Es la *alfaflecha.*
—¿Y para que sirve?
—Entsakua, déjale el puntero a tu compañera.

El chico se adelantó, dirigió el rayo a la *alfaflecha* α> y pudieron leer en la pantalla *Salvemos el corazón del Amazonas* y el siguiente texto:

El río Tapajós, símbolo de la Amazonia y hogar de animales únicos y de una biodiversidad incomparable, está amenazado por la construcción de una gran presa hidroeléctrica. ¡Firma para impedir su destrucción!

—¿Y qué tenemos que hacer? —quisieron saber algunos.
—Informaros y, si estáis de acuerdo, seguir las instrucciones de los promotores de la ciberacción. En este caso es fácil, ya que sólo hay que rellenar los casilleros que se indican y darle a enviar. Algo —añadió María— que sería muy fácil si todos estuvieseis ante un computador conectado a Internet.
—¡Lo acabo de hacer! —exclamó una chica mostrando su comunicador de última generación.
—¡Estupendo! Y ahora —dijo María mientras Dani maniobraba para que la pantalla mostrase un nuevo texto—pasemos al siguiente ejercicio que requiere un mayor esfuerzo de vuestra parte.
—¿Lo leo?
—No hace falta Yadira, aparece en la pantalla.

Un modo de colaborar solidariamente en la lucha por un mundo mejor es proponer iniciativas y compartirlas. gOPr *Pueden ser para impulsar acciones políticas, influir en la elaboración de las leyes, defender el medio ambiente, los derechos humanos, etc.*

—El nuevo símbolo se denomina geopeefe, 📁 y es la contracción de *generador de oportunidades de participación fraccionada*. Veamos cómo funciona. ¿Quién quiere probar con el puntero?

—Yo, Sr. Viola. —una chica se lo arrebató a Entsakua y, tras varios intentos, consiguió que apareciese una nueva página destinada a explicar la elaboración de propuestas o peticiones y a brindar ayuda para redactarlas y conseguir firmas.

—Y este saludo solidario 🖼 que ha preparado Naylea —indicó María— es una buena manera de comenzar. Abre el *código QR* o pulsa en la imagen.

Al hacerlo[50] todas y cada una de las *alfaflechas* fueron activadas pasándose el puntero de unos a otros, al tiempo que planteaban un sinfín de preguntas, incluidas las de Yadira y Ágata, entusiasmadas con aquel sugestivo invento. Ni siquiera el recordatorio del concurso, del que sus maestros les darían más detalles en los próximos días, permitió a Dani acallar el creciente bullicio. La experiencia llegaba a su fin, pero la estrella indiscutible, ¡qué duda cabe!, seguía siendo *Boliche* que, meneando expresivamente las orejas, guiaba a María hacia el jardín.

Al cabo de un rato los escolares se fueron a sus casas y los demás volvieron al aula. Entsakua se quedó en el patio con *Boliche* y el equipo del CAE se dispuso a avanzarles los rasgos esenciales de la participación fraccionada y, muy concretamente, de lo que debían saber para llevar a cabos entre todos aquel concurso que le habían anunciado a los escolares.

UNA DEDICATORIA COMPROMETIDA

Se trata de la dedicatoria incluida en la ponencia que presenté en el III Seminario Internacional sobre Guinea Ecuatorial ⨯ organizado en Madrid, en julio de 2016, por el Centro de Estudios Afro-Hispáni-cos de la Universidad Nacional de Educación a Distancia y, posteriormente, en mi publicación *La cooperación española al subdesarrollo de Guinea Ecuatorial. Oportunidades perdidas y propuestas frustradas en la década de los ochenta. Relato documentado de un cooperante.* 🗁 [51]

A mi buen amigo Donato Ndongo Bidyogo, ⊁ intelectual ecuatoguineano internacionalmente reconocido, honesto e indoblegable, alarmado ante el estrechamiento del cerco con el que la larga mano del dinero del dictador Obiang le viene presionando en España. ɑ⊳[52]

Si pulsáis en la *alfaflecha* incluida en la dedicatoria podréis comprobar que, a diferencia de lo que habría sucedido de haberse tratado de un texto convencional, se brinda al lector la posibilidad de informarse y, de estimarlo oportuno, manifestar su compromiso al respecto. En este caso, el lector, si decide asumir el rol de actolector que le brinda el texto ediaccionado, puede ejercer el derecho de petición ante el Congreso de los Diputados para exigir que las Administraciones públicas velen por el riguroso cumplimiento de la normativa en materia de incompatibilidades de altos cargos. Ya sabéis, aquello de las puertas giratorias que está tan de moda.

—Para eso habría que endurecer la ley.

—Algo que los actolectores podrían promover con creciente facilidad y tino: ora, aportando una *ciberacción* en dicho sentido de la que tuviesen noticia; ora, publicando una iniciativa o propuesta de *ciberacción* de su propia cosecha.

—¿Cómo?

—De manera colaborativa, como algunos ya lo hacen en *Wikipedia*.

—¿Dónde?

—Ese es el *quid* de la cuestión. Lo ideal sería poder hacerlo en una agenda o base de datos global de contenido libre y de confección colectiva. Una potente y fácilmente accesible *wiki ad hoc.* Y es que los actoescritores, además de diccionarios y enciclopedias —*Wikipedia*, entre ellas— necesitarán apoyarse en este tipo de recopilaciones de propuestas de autoformación y acción ecociudadanas.

—¿Te refieres a lo que llamas *wikiacción*?

—Sí.

—Ya... ¿Y tú propuesta?

—Mi recomendación está asociada a la iniciativa ¡ALE LEA! o *"actúa leyendo, lee actuando"* y consiste en la promoción de aulas libres de actoescritura y de actolectura que enseñen y fomenten la *edi-acción*. Iniciativa que urge promover por su potencial generación de nuevos y sostenibles empleos en el ámbito de la educación y de la cultura. Y será viable a condición de disponer de recopilaciones crecientes de propuestas de autoformación y acción ecociudadanas.

—¿Quieres decir...?

—Perdona, Carmen. Quiero decir simplemente que sólo la disposición de aplicaciones *wiki* de esas características, dotadas de un *software* adecuado, posibilitarán: al sector editorial, dar el salto cualitativo a la *ediacción*; a los escritores, transformarse paulatinamente en actoescritores mediante la publicación ediaccionada de sus nuevas y viejas obras; y a los actolectores, empoderarse como ecociudadanos, mientras se suman al formidable esfuerzo colaborativo de expandirla en la red siguiendo, probablemente, los pasos dados por la conocida *Wikipedia*. Y eso es todo. Muchas gracias.

—Falta el vídeo.

—Cierto. He preparado dos para que os animéis a leer *Noticia de un amanecer fugaz*. Podéis elegir. Se diferencian por la banda sonora: el primero, 🎬 con la melodía *Last Kiss Good-night,* cedida por Kevin McLeod; el segundo...

—¡El otro! 🎬 —exclamó sin dudarlo la joven profesora limeña que estaba a cargo del reproductor y en el salón de grados sonó la *Flor de la canela.*

WIKIACCIÓN
La agenda global para la acción

SINOPSIS

Si WIKIPEDIA es una popular enciclopedia virtual colaborativa de libre acceso, WIKIACCIÓN o agenda global para la autoformación y la acción ecociudadanas aspira a ser una especie de enciclopedia de la acción o soporte global interactivo dirigido específicamente a facilitar el ejercicio de la ciudadanía mundial o ecociudadanía, mediante la puesta a disposición de los ecociudadanos de una exhaustiva y sistemática recopilación de propuestas de acción.

Se enmarca en el ámbito más amplio de la iniciativa *¡ALE LEA!* a la que me acabo de referir, pero debo aclarar que, hoy por hoy, *WIKIACCIÓN* es un muy modesto y precario exponente testimonial de *wiki* que subí hace años a Internet ⇒ Y ello al solo efecto de servir de apoyo al modelo de *ediacción* que propongo. Te sugiero que accedas al portal web en el que se encuentra la información disponible sobre esta propuesta:
www.proyectointersur.org/wikiaccion.htm

Anexo 3
LOS OBSERVATORIOS DE I+C

PRESENTACIÓN

La función de I+C, como hemos visto, concierne a las tareas de concepción, diseño, presentación y/o ejecución, por parte de la sociedad civil, de iniciativas consistentes en propuestas de soluciones a todo tipo de problemas concretos con relevancia pública. Y también a las de comprobación, fiscalización y, en su caso, denuncia de cualesquiera acciones u omisiones con incidencia en los asuntos de interés general. De ahí, que esta función genérica de iniciativa y control pueda desdoblarse en sendos componentes y expresarse con el binomio I+C. Constituye una función fundamental de la IPF y su soporte es el observatorio de participación fraccionada, ya sea de iniciativa, de control o de iniciativa y control.

El observatorio de participación fraccionada, *observatorio PF*, observatorio de I+C o, simplemente, observatorio, es un soporte o plataforma virtual *ad hoc* para el ejercicio, individual y colectivo de las funciones ecociudadanas de iniciativa y control de la IPF, mediante la técnica asociativo-decisional de la participación fraccionada.

Hay diversos observatorios y sub-observatorios que fueron activados, en diversas fechas, en el seno del Proyecto INTER/SUR para la innovación política. También he usado algunas expresiones que es el momento de precisar. Así, cabe hablar de observatorio marco si se trata de un observatorio genérico concebido para dar cabida en su seno a sub-observatorios, e. g. el *Observatorio de Control de la corrupción urbanística en el litoral onubense (OCCULO)* que incluye el *sub-observatorio Acción Isla Antilla;* o el *Observatorio de control de la utilización de fondos europeos,* que incluye los *sub-observatorios Torre El Catalán/Lepe, Molino Mareal/Isla Cristina, Vía Verde Litoral.* ☞ O de *observatorio específico* para designar aquel que, inducido o no por un *observatorio* o *sub-observatorio* anterior, abre un nuevo ámbito genérico de observación. Estableceré una primera terminología básica.

Ejercicio de observatorio

EJERCICIO DE OBSERVATORIO PF
Actividad de autoformación y acción ecociudadanas (AAE) programada adrede para el desempeño de la función de I+C en el seno de un determinado observatorio o sub-observatorio en funcionamiento.

Aunque un ejercicio de observatorio puede formar parte de una actividad civeturística también puede desarrollarse exclusivamente en un aula o taller presencial, como actividad práctica sobre el funcionamiento del MPF o llevarse a cabo a distancia, vía *Internet*. Su objetivo es adiestrar a los participantes en la técnica asociativo-decisional de la participación fraccionada, poniendo a su disposición un conjunto de oportunidades PF prediseñadas al efecto. Así, para recalcar su finalidad didáctica, decimos que estamos ante un ejercicio de observatorio-aula. Cabe hablar también de observatorio-laboratorio cuando tiene carácter experimental y de observatorio de resultado u observatorio propiamente dicho, cuando prevalece la intencionalidad de lograr un resultado político, bien proponiendo o buscando soluciones, bien mediante el ejercicio de control del poder.

Activación de un observatorio

Es la adopción pública de la decisión, ya sea individual o colectiva, de afrontar un determinado asunto de interés general mediante la técnica asociativo-decisional de la participación fraccionada. Con la activación —activación inicial— se inicia el funcionamiento de un observatorio o se ponen en marcha en su seno, cuando se trata de observatorios marcos, los correspondientes sub-observatorios. Obviamente cualquier observatorio o sub-observatorio puede inducir la activación de observatorios específicos susceptibles de constituir nuevos marcos de observación. Así cabe hablar de *acción PF inicial de liderazgo* o *agregación de impulsos PF iniciales de liderazgo complementarios*, que activa un observatorio. Fue el caso de Teresa cuando activó OBSERVA o de INTER/SUR cuando activó el *observatorio de control del Diputado* o el de *control de la Universidad Internacional de Andalucía (UNIA)*. En aplicación del principio de liderazgo abierto propio del MPF, cualquier persona o colectivo puede liderar una acción PF inicial de liderazgo. Y también de *acción PF sucesiva de cooperación*, *impulso PF sucesivo de cooperación*, o *agregación de impulsos PF sucesivos de cooperación, complementarios* que se incorporan a un observatorio dado y lo hacen avanzar. En aplicación del principio de rol variable propio del MPF, cualquier persona o colectivo puede cooperar a la adopción por el observatorio de una acción PF sucesiva de cooperación.

Activación direccional

Reservo esta expresión para designar el efecto sobre un observatorio dado de aquellas acciones PF de liderazgo que modifican su orientación y sentido. La activación direccional, inducida por el principio de cohabitación cooperativa propio del MPF, abre nuevas vías —divergentes o, incluso, antagónicas— de actuación. Puede aportarlo cualquier persona o colectivo. Se produjo una activación direccional liderazgo, e.g. en el supuesto del Guadiana cuando, con ocasión de aquel ejercicio de observatorio de I+C, realizado durante la segunda de las aulas náuticas, surgió la discrepancia entre quienes se oponían al puente y quienes estaban a favor del mismo, por estimarlo beneficioso para el desarrollo económico de un área fronteriza deprimida.

Reajuste asociativo-decisional

Es consecuencia de la activación direccional. De ahí, que tenga lugar un reajuste asociativo-decisional en un observatorio siempre que una activación direccional introduzca orientaciones generadoras de nuevas alianzas y actuaciones divergentes. La función de I+C del observatorio está permanentemente sujeta a tales reajustes y ello es posible por su condición de instrumento para el asociacionismo blando y la participación a la carta.

Recapitulemos. El reajuste asociativo-decisional que tuvo lugar en los ejercicios de observatorio de I+C de *Guadiana Educa* fue consecuencia de su activación direccional y propició: a) el reajuste del marco asociativo en dos colectivos —a favor y en contra del puente—, sin menoscabo de la capacidad del observatorio para acogerlos en su seno, dada su condición de instrumento para el asociacionismo blando; b) el reajuste del quehacer participativo al dar cabida en el observatorio a una acción divergente —en este caso antagónica—, gracias a la capacidad de este para posibilitar el ejercicio de la participación a la carta. No obstante —y esto es clave— aunque esta primera discrepancia abra en el seno del observatorio dos orientaciones antagónicas provocando su reajuste asociativo-decisional, no impide que, en el curso posterior del observatorio, puedan producirse nuevos reajustes, ora, para abrir nuevas discrepancias generadoras de nuevas activaciones direccionales; ora, para acometer nuevas actuaciones compartidas. Esto último fue lo que sucedió cuando, todos los participantes, partidarios o no del puente, estuvieron de acuerdo en que no debía pasarse por alto el incumplimiento de la normativa de acceso a la información ambiental y firmaron conjuntamente textos de quejas o denuncias.

Los observatorios experimentales de INTER/SUR

Si nos atenemos a los observatorios y sub-observatorios activados durante el periodo de diseño y experimentación del MPF debo decir que han tenido siempre una doble finalidad didáctica y experimental, es decir, han sido observatorios laboratorio/aula, ya que se trataba de: a) comprobar cómo operaba en la práctica el proceso D+A, con miras a conseguir que la futura aplicación de la IPF posibilitase el juego combinado de sus tres tiempos; así como los principios operacionales —de cooperación, complementariedad, publicidad y conectividad—, los principios motivadores —de afectación directa o incumbencia y de ecociudadanía—, los principios moduladores —de rol variable, de liderazgo abierto y de confidencialidad opcional— y los instrumentales —de ecociveocio y de ecociveturismo—; [53] b) determinar las funciones de la IPF; c) elaborar un material práctico *ad hoc,* de naturaleza didáctico-experimental, ya fuese para poder llevar a cabo dicha experimentación en el seno de las diversas actividades piloto de AAE organizadas INTER/SUR; ya, para poderlo utilizar en el futuro, a la hora de organizar las futuras plataformas ecociudadanas 3.0 o PAUTA/e 3.0.[54]; ☞ d) ensayar diversas técnicas expositivas del funcionamiento teórico-práctico del MPF y de la IPF, aspecto este esencial para su futura difusión que he tenido oportunidad de ensayar en casi dos centenares largos de ocasiones y ante muy diversos colectivos, en varios países; en fin; en fin e) reflexionar sobre cómo incorporar esta tecnología política de la participación fraccionada en las normas reguladoras o estatutos de los instrumentos asociativo-decisionales convencionales.

Entre los diversos observatorios y sub-observatorios activados se encuentran: a) aquellos en los que el mayor énfasis ha recaído en la concepción, diseño, presentación y ejecución de iniciativas, propuestas, soluciones y alternativas a los problemas suscitados —observatorios de iniciativa—; y b) otros, orientados a la fiscalización y denuncia de múltiples acciones con incidencia pública, ha predominado la función de control —

observatorios de control—. Algunos que se activaron inicialmente con uno u otro carácter dieron paso a sub-observatorios que se activaron en sentido distinto, como el asunto *Bajo/baixo Guadiana,* que comenzó siendo de iniciativa y pronto se activó como observatorio de control; o el asunto *Egmasa*, primero de control de la Junta de Andalucía y posteriormente de control del funcionamiento de la propia Comisión Europea.

Unos se concibieron para ser desarrollados en el seno de actividades de ecociveocio y ecociveturismo y poder autofinanciarse mediante la intervención sucesiva de diversos grupos de personas —ecociveturis-tas—, por lo que la participación en ellos tuvo un carácter esencialmente presencial (*Cementerio Minero de Tharsis, Parque Natural Urbano de Perdicaris/Tánger, Chanza/Paso fronterizo El Granado-Pomarao, Amitie, etc.*). Sin embargo, a pesar de haber diseñado múltiples propuestas de esta naturaleza en Andalucía occidental, el Algarve y el Alentejo portugués y Marruecos no se pudieron llevar a cabo todas las actividades ecociveturísticas programadas, ni todas ellas han cumplido los objetivos asignados inicialmente. Otros, han tenido un carácter exclusivamente virtual, pudiéndose acceder a ellos sólo a través de *Internet* (*Control del Diputado —asunto González Márquez—, Control de la Fiscalía de Huelva en materia medioambiental, Asunto del asesinato de la Hermana Samaranch, Corrupción urbanística en el litoral onubense, Acción Isla Antilla, Pacto Internacional/Guinea Ecuatorial, etc.*—.

A medida que se iba perfilando el MPF los observatorios y sub-observatorios fueron haciéndose algo más accesibles. Esto es, aumentaron las posibilidades de que participasen en ellos un mayor número de personas interesadas, bien por haber tenido noticia de los mismos con ocasión de una actividad ecociveturística, de uno de los múltiples actos informativos de INTER/SUR o por medio de la difusión del proyecto en *Internet*. Lamentablemente, las características novedosas del proyecto, sus reducidos medios, unido a la falta de adiestramiento en la práctica de la participación fraccionada, su escasa difusión[55] y el carácter rudimentario de su soporte informático han limitado el número de participantes efectivos. De hecho, toda la gestión de los observatorios se ha llevado a cabo de manera artesanal, por lo que las personas o colectivos interesados han podido participar en los mismos aprovechando las oportunidades PF disponibles, pero no han dispuesto de una *app* PF para poder ejercer plenamente la participación fraccionada. Una parte sustancial de los impulsos y acciones PF que se incluyen en los sucesivos pasos enumerados en las fichas de seguimiento de los ejercicios de observatorio se deben a mi intervención personal como promotor de los mismos, en un esfuerzo por fraccionar la acción política en oportunidades PF.

Aunque asegurar el pluralismo, posibilitando el asociacionismo blando y la participación a la carta, constituye un objetivo clave del MPF y un rasgo genuino de la IPF, debe resaltarse que las personas o colectivos que han intervenido en los observatorios de INTER/SUR siempre han actuado unidireccionalmente. Me consta que ha habido personas, a las que se ha explicado con detalle el fundamento del MPF y el funcionamiento de la IPF que, al discrepar de la línea marcada al activarlos, han optado por no utilizar esta herramienta para expresar sus planteamientos y promover sus propuestas. No ha tenido lugar, recuerdo, ninguna activación direccional 56 y, en consecuencia, no se ha podido experimentar cómo opera en la práctica el principio de cohabitación cooperativa. Sin duda, un reflejo claro de la arraigada convicción de que los instrumentos convencionales de participación política, aunque formalmente admitan la discrepancia, son siempre, a diferencia de la IPF, unidireccionales en sus acciones y sus integrantes no pueden apartarse de la línea ideológica marcada por sus estatutos y su dirección política sin riesgo de escisiones, fracturas y, también, represalias.

En lo referente a la temática, han predominado las cuestiones medioambientales, pero también han sido objeto de algunos observatorios determinados aspectos de la cooperación ecociudadana al desarrollo, la defensa de los derechos humanos, la educación, la emigración, etc. Algunos han tenido un neto carácter ecociudadano, sea por la naturaleza global del asunto en cuestión, desarrollarse en más de un país, por la intervención en ellos de participantes de diversas nacionalidades o, simplemente, por incorporar deliberadamente este enfoque en su concepción.

Aunque todos los observatorios activados han sido observatorios-laboratorio/aula, este hecho no ha sido óbice para que la propia dinámica de las acciones PF emprendidas hayan tenido —o puedan seguir teniendo— resultados prácticos muy variados que van, desde la contribución a una condena penal en firme por delito ecológico —asunto *Atlantic Copper*— hasta la paralización de obras públicas ilegales —asunto *Bajo/baixo Guadiana*, *Puerto Deportivo de El Terrón*...— pasando por recomendaciones del Defensor del Pueblo a diversas Administraciones —Ayuntamiento de Lepe, Mancomunidad intermunicipal de Isla Antilla, Empresa Pública de Puertos de Andalucía, Diputación de Huelva, etc.—, apertura de investigaciones por la Comisión Europea y el Parlamento Europeo, inicio de diligencias judiciales entre otras. No procede, pues, evaluar su mayor o menor eficacia en cuanto al alcance de resultados políticos ya que, insisto, esta no fue nunca su finalidad primordial, aunque no negaré que ha resultado de gran estímulo, dado el preocupante panorama observado.

Observatorios de iniciativa

Se trata de observatorios centrados en la concepción, diseño, presentación y/o ejecución, por parte de la sociedad civil de iniciativas consistentes en propuestas de soluciones a todo tipo de problemas concretos con relevancia pública. La innovación o la creatividad, como ya he indicado al referirme a la función de I+C, que deriva, en última instancia, de la capacidad de crítica y de rebeldía del ser humano, es un componente esencial de la participación política que está permanentemente amenazada por la falta de autonomía y pluralismo.

Observatorios de control

Los observatorios de control se dirigen primordialmente a la observación, comprobación, fiscalización y denuncia pública de las actuaciones, tanto de las diferentes Administraciones públicas, como de cualesquiera otros actores sociales.

He activado múltiples observatorios de I+C con carácter didáctico experimental. A continuación expongo cuatro de ellos: AMITIE, EGMASA/FEDER, OBSERVATORIO CATALÁN DE LA MOVILIDAD y OBSERVATORIO DE LA UNIVERSIDAD INTERNACIONAL DE ANDALUCÍA.

Anexo 4

Códigos QR de obras del autor

PUEDO, PUEDES... ¿PODEMOS?
¿INNOVACIÓN POLÍTICA O POPULISMOS?
Luis de la Rasilla

PUEDO, PUEDES... ¿PODEMOS? trata de responder a la pregunta ¿fue el Movimiento 15M una oportunidad perdida? O, más exactamente, ¿lo fue para acometer la urgente tarea colectiva de innovar en política? Esto es, ¿de concebir, experimentar y poner a punto nuevos útiles, superadores del modelo obsoleto del partido político, de aprendizaje, iniciativa y control que posibiliten una gobernanza sostenible en el horizonte del ejercicio directo y global de la participación política? El autor cree que es viable —y explica cómo— afrontar el reto de implementar el decálogo mínimo de funciones exigibles a las herramientas políticas de nueva generación: 1) inducir procesos autoinstructivos eficientes que coadyuven a incrementar exponencialmente la cultura política; 2) desbordar el corsé Estado-nacional de actuación; 3) autogenerar las imprescindibles condiciones de autonomía y pluralismo; 4) precisar escasa o nula necesidad de institucionalización; 5) flexibilizar los procesos asociativos incorporando todo hecho asociativo imaginable, desde el más institucionalizado y permanente, hasta el más espontáneo, informal y transitorio; 6) dinamizar el quehacer participativo; 7) prescindir de todo tipo de militancia o membrecía en beneficio de la condición de usuario; 8) socializar el protagonismo político tornando innecesarios los liderazgos al uso basados en la asunción exclusiva de la iniciativa, la dirección y la representación por uno o escasos dirigentes; 9) admitir en su seno la cohabitación de enfoques y de actuaciones pluridireccionales, incluso antagónicas; en fin; 10) potenciar el carácter virtual de la acción política —en red, pero no enredados—, minimizando el componente asambleario y callejero. Y eso gracias al modelo de participación fraccionada. ¿Participación fraccionada? Sí, una innovadora técnica asociativo-decisional basada en la acción combinada de determinados principios (desagregación-agregación, cooperación, complementariedad, publicidad, conectividad, afectación directa, ecociudadanía, aquiescencia pactada, cohabitación cooperativa, rol variable, liderazgo abierto, confidencialidad, ecociveocio y ecociveturismo). Constituye una propuesta autoinstructivo que propicia una nueva dimensión del asociacionismo (asociacionismo blando) y de la participación (participación a la carta) para reforzar la democracia, facilitar su ejercicio y extenderlo más allá del ámbito Estado-nacional. Dado que opera merced a la generación permanente de procesos abiertos y espontáneos de agregación sucesiva de impulsos complementarios de participación, esta técnica también podría denominarse 'participación sucesiva', 'participación agregativa' o 'participación por impulsos complementarios'.

PASOTA O IMPLICADO.
Construyendo la ecociudadanía del futuro
Luis de la Rasilla

PASOTA O IMPLICADO desarrolla la estrategia, anunciada en PUEDO, PUEDES... ¿PODEMOS? (Kindle, Amazon, 2017), concebida para propiciar los imprescindibles procesos colectivos de información, reflexión, experimentación y puesta a punto de la técnica asociativo-decisional de la participación fraccionada. Tres propuestas inéditas, íntimamente interrelacionadas, para la autoformación y la acción políticas a gran escala en el horizonte del ejercicio directo de una inusitada nueva democracia: INTERUNIVERSIDAD ABIERTA, PAUTA/e 3.0 y WIKIACCIÓN.

INTERUNIVERSIDAD ABIERTA es una iniciativa provocadora que propone una medida de choque expeditiva, un brusco golpe de timón que aspira a contribuir a encauzar la sociedad hacia un futuro expectante. En concreto, la aplicación del principio docente de plena competencia interuniversitaria. Un principio, capaz de actuar per se cómo potente y eficaz revulsivo de una docencia agotada, que liberaría cantidades ingentes de recursos humanos y materiales susceptibles de reasignarse, con criterios innovadores, entre los tres vértices del triángulo del conocimiento —educación, investigación e innovación—. Una vuelta de tuerca al ejercicio de la libre competencia que daría paso a un nuevo derecho de docentes y discentes y posibilitaría el desembarco de las interuniversidades abiertas: las auténticas estrellas del futuro mercado de enseñanza superior con sus atractivos y accesibles campus virtuales especializados. Campus virtuales complementados con un nuevo modelo de presencialidad —reducida, pero más intensa, útil, plural y gratificante— asociado a la inevitable creación en los actuales campus de atractivos espacios y ambientes de convivencia y de enseñanza-aprendizaje abiertos no sólo a sus exiguos destinatarios tradicionales, sino a otros muchísimos usuarios potenciales hoy excluidos de las aulas universitarias. Una propuesta-revulsivo, necesitada de un profundo proceso de estudio, reflexión y debate colectivos, a la que se opondrán escandalizados los responsables gubernamentales, los dirigentes universitarios y la gran mayoría del profesorado puesto que, de una vez por todas, pondría el punto final a la universidad... que conocemos.

PAUTA/e 3.0 —acrónimo de plataforma 3.0 de autoformación y acción ecociudadanas— es una modalidad de herramienta *suis generis* de aplicación experimental de la participación fraccionada a la autoformación y a la acción ecociudadanas. Consta de un conjunto articulado de soportes especializados de libre utilización por un número de participantes potencialmente ilimitado. Concebida para desencadenar, a partir de un determinado umbral de intervinientes, procesos autoexpansivos exponenciales garantes de su propia continuidad, autorenovación y autofinanciación tiene la doble finalidad de posibilitar la experimentación y el desarrollo cooperativo de la participación fraccionada y aplicarla a la enseñanza-aprendizaje y al ejercicio de la ecociudadanía. Es una propuesta abierta que, de acometerse de manera generalizada, pondría a disposición de la sociedad un potente instrumento para estimular a gran escala hábitos permanentes de aprendizaje y de comportamiento ecociudadanos.

WIKIACCIÓN: Si wikipedia es una popular enciclopedia virtual colaborativa de libre acceso, WIKIACCIÓN aspira a ser una especie de enciclopedia de la acción o soporte global interactivo dirigido específicamente a facilitar el ejercicio de la ciudadanía mundial o ecociudadanía, mediante la puesta a disposición de los ecociudadanos de una exhaustiva y sistemática recopilación de propuestas de acción. Una invitación a asumir el reto colectivo de construir colaborativamente una agenda global de la acción ecociudadana. Algo imprescindible para la generalización de esa nueva modalidad de la ecdótica: la EDIACCIÓN que abrirá el camino a la actoescritura y, por ende, a la actolectura.

EL FIN DE LA UNIVERSIDAD... QUE CONOCEMOS
Luis de la Rasilla

¿Qué hacer ante una institución corroída y abusada, compuesta por un conglomerado estanco de 84 universidades —50 públicas— en las que cursan sus estudios casi un millón y medio de estudiantes, en tantos aspectos cautivos, que aún no parecen constituir la principal preocupación de la mayoría del profesorado? Esta propuesta provocadora propone una medida de choque expeditiva, un brusco golpe de timón que encauzaría nuestra universidad hacia el futuro. En concreto, complementar la tan cacareada movilidad estudiantil con una inédita libre movilidad total de asignaturas mediante la aplicación del principio docente de plena competencia interuniversitaria. Un principio, capaz de actuar per se cómo potente y eficaz revulsivo de una docencia agotada, que liberaría cantidades ingentes de recursos humanos y materiales susceptibles de reasignarse, con criterios innovadores, entre los tres vértices del triángulo del conocimiento: educación, investigación e innovación. Una vuelta de tuerca al ejercicio de la libre competencia que daría paso a un nuevo derecho de docentes y discentes y posibilitaría el desembarco de las interuniversidades abiertas: las auténticas estrellas del futuro mercado de enseñanza superior, con sus atractivos y accesibles campus virtuales especializados. Campus que, lejos de acabar con la convivencia estudiantil y la irrenunciable relación presencial profesor-alumno, las modificaría, revitalizándolas enormemente. Se abriría paso un nuevo modelo de presencialidad —reducida, pero más intensa, útil, plural y gratificante— asociado a la inevitable reconversión de los actuales campus en atractivos espacios y ambientes de convivencia y de enseñanza-aprendizaje complementarios de la docencia virtual. Opción, además, socialmente mucho más rentable, ya que estaría abierta no sólo a sus exiguos destinatarios tradicionales, sino a otros muchísimos usuarios potenciales hoy excluidos de las aulas universitarias. Una propuesta-revulsivo, necesitada de un profundo proceso de estudio, reflexión y debate colectivos, a la que se opondrán escandalizados los responsables gubernamentales, los dirigentes universitarios y la gran mayoría del profesorado. De ahí que su viabilidad dependa esencialmente de la actitud que adopten los estudiantes y de su capacidad para movilizarse y convencer a la sociedad de la necesidad de poner punto final, de una vez por todas, a la universidad... que conocemos.

DE LA EDICIÓN A LA EDIACCIÓN
En la senda de la actoecritura y la actolectura
Luis de la Rasilla

¿Ediacción? Vocablo que aporta a la literatura, y a la escritura en general, una función inédita e insospechada inductora de la inexorable transición hacia la actolectura generalizada del futuro. Función que presupone la incorporación de adelantos por venir en el ámbito de la ingeniería política y social hoy inimaginables. Original simbiosis entre literatura y política que, al abrir de par en par las puertas a la actoescritura, condicionará el hecho mismo de escribir y de editar. Un devenir generador de tal empoderamiento ecociudadano que tornará obsoleta toda democracia conocida. Y por ello, con toda probabilidad, subversivo para la gran mayoría de la pléyade creciente de escritores convencionales, de la maraña editorial que les sustenta y, sobre todo, para los sectores de poder tradicionalmente recelosos de la generalización e intensificación exponencial de procesos de autoformación y acción ecociudadanos. Urge, pues, promover aulas libres de actoescritura y de actolectura que fomenten la ediacción y generen nuevos y sostenibles empleos en el ámbito de la educación y de la cultura. Algo que será plenamente viable cuando: a) se generalice el uso de soportes lectores y comunicadores que reproduzcan y permitan activar diligentemente los símbolos-hipervínculos específicos incorporados a los textos ediaccionados; y, sobre todo, b) proliferen en Internet potentes aplicaciones de *software* de recopilación y agregación colaborativa de oportunidades de acción. Y es que los actoescritores, además de diccionarios y enciclopedias —Wikipedia, entre ellas— necesitarán apoyarse en este recurso que denomino genéricamente wikiacción o agenda global para la acción.

ASOCIACIONISMO BLANDO Y PARTICIPACIÓN A LA CARTA
Más alla de toda democracia conocida
Luis de la Rasilla

El autor parte de la firme convicción de que el futuro nada tendrá que ver con lo actualmente conocido. ¿Cómo reaccionaría el ser humano si no tuviese que trabajar o, a lo sumo, hacerlo durante un par de horas al día? El pronóstico es que la expectativa de sustitución del actual modelo energético piramidal, basado en los combustibles fósiles, por otro alternativo de estructura horizontal, que proporcionase energía eficaz en condiciones de fácil disponibilidad, escaso precio y nulo impacto ambiental, asociado a los avances tecnológicos por venir en el campo, entre otros, de la infocomunicación y de la robótica, conllevaría —como han apuntado Rifkin y otros autores— la posibilidad real de producir bienes y servicios para todos los seres humanos con sólo una mínima parte de la fuerza de trabajo requerida en la actualidad.

Ya el propio Keynes, en su *Essays in Persuasion*, predijo que en el futuro la Humanidad deberá afrontar como problema global la utilización de su nueva independencia con respecto a las preocupaciones económicas y, en consecuencia, replantearse la existencia y su nuevo rol en el planeta Tierra. De hecho, ya en nuestra época, la transformación del tiempo libre en ocio, mediante el recurso a una innumerable gama de actividades de consumo generadoras de movilidad —real y virtual— cada vez más insospechada, propicia un nuevo y sugestivo espacio de socialización cuyas casi inimaginables potencialidades —buenas, indiferentes o perversas— no deberían despreciarse por muy lejanas o utópicas que puedan antojársenos.

Lo cierto es que, guste o no, se crea o no se crea, un nue-vo *homo ociosus* nos espera. De ahí que, hace bastantes años, co-menzara a cuestionarme si sería viable comenzar a encauzar deli-beradamente el tiempo libre del ser humano hacia un modelo de ocio autoinstructivo. Un modelo que primase el interés por los asuntos públicos y recondujese progresivamente nuestra larga evolución de *homo depredator, cultor, faber, creator, ociosus* en *homo republicanus*. Un flamante y generalizado *homo republicanus*, utópico hoy, tangible tal vez mañana, capaz de hacer realidad el ideal político del ejercicio responsable y generalizado de una democracia ecociudadana directa en la que los nuevos ecociudadanos, dotados de útiles políticos de nueva generación, asuman por fin el papel usurpado por sus poco escrupulosos y nada eficientes representantes políticos.

EURÍDICE Y YO
Rumbo a una democracia inexplorada
100 ideas y propuestas inéditas
Luis de la Rasilla

En plena pandemia de la COVID-19, ante la insólita oportunidad de una forzada experimentación masiva a escala mundial de la enseñanza virtual, *on line* o a distancia, el autor riza el mito de Orfeo. ¿Cómo? Convirtiendo al tracio en sigla de ORDENACIÓN RACIONAL Y FLEXIBLE DE UNA EDUCACIÓN OBSOLETA. Invitando a Eurídice, acrónimo de ESTUDIANTE UNIVERSITARI@ REHÉN INERME DE UNA DOCENCIA INSOSTENIBLE CARCOMIDA POR LA ENDOGAMIA, a reflexionar sobre el presente y el futuro de la universidad, el papel decisivo de los estudiantes, la urgencia de potenciar exponencialmente el empoderamiento ciudadano y de hacerlo en el ámbito de una democracia, aún inexplorada, que deje para siempre de pivotar sobre el actual juego trucado de los obsoletos partidos políticos.

Y lo hace para llamar la atención sobre un creciente sinsentido en pleno apogeo de la sociedad del conocimiento: el tozudo e interesado empeño de las universidades convencionales en que su alumnado malgaste el tiempo imponiéndoles la asistencia a interminables horas de clases presenciales. Práctica, en muchísimas ocasiones infructuosas y siempre, salvo en los supuestos de prácticas inevitables, despilfarradoras de tiempo de enseñanza-aprendizaje y de recursos, humanos, materiales y medioambientales.

¿COVID-19 versus universidad? Claro. La primera ante la generalizada alerta que ha hecho saltar sobre la potencial perversa tentación de control o de vigilancia totalitaria sobre los individuos que brindan al poder las nuevas tecnologías; la segunda, por constituir la base esencial del el empoderamiento ciudadano, único antídoto conocido. Un proceso personal que parte de la toma de conciencia de la realidad, arranca con la motivación para mejorar la sociedad, se nutre de información veraz, crece con la capacitación crítica y se manifiesta en el ejercicio responsable, individual y/o colectivo, de la ciudadanía. De ahí la irrenunciable apuesta por forzar urgentemente un inédito escenario de coordinación interuniversitaria que provea, en un contexto de creciente demanda mundial, una oferta de enseñanza de máxima calidad, mínimo coste, alta flexibilidad y fácil acceso, que libere ingentes cantidades de recursos necesitados por la investigación y la innovación. Algo que sólo puede ser el resultado de asestar un corte de cizalla a la cadena monopolística que sustenta todo sistema universitario conocido: el privilegio ancestral que constituye el derecho exclusivo de cada universidad a enseñar, evaluar y acreditar para el ejercicio profesional. Y es que la reglamentación jurídica de la enseñanza superior debe estructurarse en torno a un nuevo eje vertebrador presidido por el *PRINCIPIO DOCENTE DE*

PLENA COMPETENCIA INTERUNIVERSITARIA (PDPCI). Apuesta ésta que, por prometedora que sea, es a todas luces inviable sin la socialización generalizada en términos de sociedad internacional o global —el tránsito individual y colectivo de la ciudadanía a la ecociudadanía—. Una tarea colectiva de tal envergadura que resultará inabarcable sin el diseño y la puesta a punto de útiles políticos de nueva generación capaces de substituir una democracia disfuncional, que siempre ha girado y gira en torno al juego trucado de los partidos políticos, por una democracia ecociudadana que debe ser directa y, sólo excepcionalmente, democracia representativa.

[1] Estudio previo de los accesos al corredor litoral occidental onubense y mejora de la conectividad interna. Consejería de Obras Públicas. Dirección General de Carreteras, Junta de Andalucía, 2000.
[2] *Vid* Acuerdo de 5 de mayo de 2020, del Consejo de Gobierno, por el que se aprueba la formulación del Plan General de Turismo Sostenible de Andalucía META 2027. BOJA nº 90 de 13.05.2020.
[3] *Vid*. Rasilla, L.; *El amanecer de una democracia inesperada* (pentalogía, integrada por Puedo, puedes... ¿podemos?, Pasota o implicado, Asociacionismo blando y participación a la carta, El fin de la universidad... que conocemos y De la edición a la ediacción: en la senda de la actoescritura y la actolectura.
[4] *Vid*. Rasilla, L.; El modelo asociativo-decisional de participación fraccionada para la autoformación y la acción políticas en el horizonte de una ciudadanía mundial, Tesis doctoral, Universidad de Huelva, 25.06.09.
[5] El republicanismo concibe la sociedad civil como una profundización en la democracia a través del protagonismo de los ciudadanos. Concepto, pues, que no presupone la forma de Estado. De hecho, y dicho sea de paso, confieso que, dado el modelo de jefatura del Estado establecido en la Constitución, me siento muy bien representado por el rey Felipe VI.
[6] Rifkin, J. *The End of the Work: The Decline of the Global Labor Force and the Dawn of the Post-Market Era.* Nueva York, Tarcher/Putnam, 1995 (traducción al español, *El fin del trabajo*, Barcelona, Paidós, 1997), pp. 12.
[7] Rasilla, Ignacio de la; *Crónicas de los Cursos de Verano de Doña-na. 2000-2002.*
[8] *Id.*
[9] Como me ha sugerido el Prof. Francisco J. Martínez López: *"En tu propuesta yo incidiría un poco más en la parte de digitalización, que aunque aparece como soporte de las redes y de parte de las actividades, quizás en la parte de infraestructuras podría ser un buen tema, ya que también hay vías de financiación de la UE".*
[10] Seguimos aquí algunas reflexiones incluidas en el Dictamen de la Comisión Internacional de Expertos sobre el Desarrollo Sostenible del Entorno de Doñana. Sevilla, 1992.

[11] Este es el campo de reflexión y experimentación desarrolladas por el Proyecto INTER/SUR. En este sentido la iniciativa no gubernamental *Objetivo: DOÑANA → E.T.Ea (Estrategia INTER/SUR para la promoción del entorno del Parque Nacional de Doñana como enclave turístico-educativo/ambiental)*.
[12] Desgraciadamente hoy inexistente.
[13] Véase, por ejemplo, la publicación Litoral Atlántico Occidental. Huelva. Guía del Viajero Naturalista. Ed. Consejería de Medio Ambiente (Junta de Andalucía). Sevilla, 1995.
[14] En este sentido se constituyó en 1996 el Aero Club de Lepe que inició los trámites para tener un pequeño aeródromo en una finca situada debajo de la Torre del Catalán y que está pendiente de autorización municipal. El Ayuntamiento de Cartaya tiene un proyecto similar más avanzado que permitiría establecer un corredor de ultraligeros que podría comunicarse con las excelentes instalaciones ya en funcionamiento del Aero Club de Niebla, del Aero Club de Sevilla... y con algunas existentes entre Villa Real de Stº Antonio y Vilamoura en el Algarve. Y ello con independencia de otros tipos de actividades conexas: escuela de vuelo, talleres de construcción y reparación de ultraligeros, globos aerostáticos fijos y móviles etc.
[15] Algo que aceleraría enormemente la puesta en marcha de dos de las iniciativas previstas en la estrategia ECOCIUDADANÍA 3.0: Interuniversidad abierta (O_PTA) y la Plataforma para la autoformación y la acción ecociudadanas (PAUTA/e 3.0), que comenzó a experimentarse en la Universidad de Huelva durante el rectorado del Prof. Francisco José Martínez López (PAUTA/e UHU 3.0).
[16] Tomado de Rasilla, L.; *Noticia de un amanecer fugaz.* ▱
[17] Vid Prat, J.; *Epc en la universidad*, Escuela, Núm. 3897 (387), 10.03.2011. ▱
[18] Vid Rasilla, L.; *Cartas al ministro y profesor Manuel Castells,* abril-mayo, 2020. ▱
[19] Véase la iniciativa *Cede tu voto: Comparte ciudadanía, comparte democracia, 2004.* Propuesta de acción ecociudadana promovida por INTER/SUR, consistente en compartir el derecho de sufragio activo en unas elecciones, dando simbólicamente voz... y voto a los inmigrantes no comunitarios (trabajadores, refugiados y familiares) residentes en la UE, en relación con la adopción de decisiones políticas que les afectan directamente.
[20] Desarrollo este concepto en mi publicación *Asociacionismo blando y participación a la carta*, a la que se puede acceder desde el código QR que se incluye en los anexos.
[21] Un *AVE*, más adelante se explica con detalle, es un ámbito genérico de actuación de una asociación para la participación, delimitado por acuerdo de sus miembros, que queda fuera del control de sus órganos regulares de gobierno, gestión económica y representación. Es decir, un área espe-

cífica de su objeto social estatutario acotada y abierta al ejercicio de la técnica asociativo-decisional de la participación fraccionada.

[22] Es justo reconocer la importante y desinteresada aportación al diseño de esta propuesta de los especialistas en educación ambiental Alberto Pardo y Esther Alonso. Actividades que no se podrían haber realizado sin la dedicación profesional y el apoyo económico del colaborador del Proyecto INTER/SUR, Dr. José Manuel Cantó Romera, el interés de un reducido grupo de alumnos y profesores de la Universidad de Huelva y la cooperación inicial del Ayuntamiento de Cartaya, por decisión personal de su alcalde Juan Millán Jaldón.

[23] Vid Rasilla, L. *Azar de azahar.* 📁

[24] *Ibid.*

[25] Castells, M.; *Fin de un mundo.* La Vanguardia, 04/04/2020.

[26] Albiac, G.; *La universidad cadavérica.* El Mundo, Madrid, 1994.

[27] Harari, Y.N.; *El mundo después del coronavirus*, La Vanguardia, 05/04/2020.
https://www.lavanguardia.com/internacional/20200405/48285133216/yuval-harari-mundo-despues-coronavirus.html

[28] Rasilla, L.; *Pasota o implicado. Construyendo la ecociudadanía del futuro.* 📁

[29] Rasilla, L.; *Asociacionismo blando y participación a la carta.* 📁

[30] Lee la propuesta completa en Rasilla, L.; *El fin de la universidad... que conocemos.* 📁

[31] Mi hijo Ignacio es Han Depei Chair in International Law & One Thousand Talents Plan Professor. Wuhan University Institute of International Law.

[32] Primera parte de la trilogía *Noticia de un amanecer fugaz.* 📁

[33] Massip i Fonollosa, Jesús; *Libre d'hores*, 1988.

[34] Ortega y Gasset, *Misión de la Universidad,* 1930. Disponible en: http://www.esi2.us.es/~fabio/mision.pdf

[35] Recuerdo: siglas de principio docente de plena competencia interuniversitaria.

[36] Agencias oficiales de titulación profesional

[37] Y que conste que opino que lo que nos ocupa no es tanto cuestión de izquierdas o derechas, como de innovación o inmovilismo.

[38] Conferencia de Rectores de las Universidades Españolas. Asociación sin ánimo de lucro, constituida en 1994, formada por 76 universidades españolas (50 públicas y 26 privadas). Crue Universidades Españolas es el principal interlocutor de las universidades con el Gobierno central. www.crue.org

[39] Acrónimo en lengua inglesa de *Massive Online Open Courses* (cursos en línea masivos y abiertos)

[40] Así la Universidad de Granada ofrece/regala sus tres MOOCs institucionales: García Lorca, Sierra Nevada y La Alhambra. O cinco propuestos por sus docentes: Emprende, Información digital, Búsqueda de información, Sotfware libre, y Selección de personal.

[41] Tomado de la noticia publicada en la web el Ministerio de Universidades el 07.05.20.
[42] Id. 28.04.20.
[43] Plataforma para la autoformación y la acción ecociudadanas, a la que los profesores Francisco José Martínez López, a la sazón rector de la Universidad de Huelva y Francisco Cruz Beltrán, catedrático de Sociología, no dudaron en apoyar hace unos años (PAUTA/e UHU 3.0).
[44] Que desarrollo con detalle en, Rasilla, L.; El fin de la universidad... que conocemos.
[45] Avance en http://www.proyectointersur.org/opta.htm
[46] Avance en http://www.proyectointersur.org/actua.htm
[47] Pellegrino Tibaldi y sus colaboradores.
[48] Tomado del capítulo Lee y actúa de la e.novela de texto *Noticia de un amanecer fugaz*.
[49] Quien estuviese leyendo la versión electrónica y quisiese activar este símbolo de nota informativa accedería a la ficha con las normas de comportamiento ante la presencia de un perro-guía que aparecen en el siguiente cuadro.
[50] En la versión digital se accede a una tarjeta virtual en la que el lector puede pulsar en las alfaflechas para acceder propuestas de acciones.
[51] Código QR disponible en anexo VII.
[52] En este caso, y a título de ejemplo práctico de lo que denomino actoescritura/actolectura, la alfaflecha incluida en la dedicatoria brinda, a quien estuviese leyendo la versión ediaccionada en un soporte electrónico conectado a Internet, la oportunidad (oportunidad de participación fraccionada) de sumarse a una ciberacción propuesta por el autor (11.2017) en defensa de Donato Ndongo. Ciberacción consistente en ejercer el derecho de petición ante el Congreso de los Diputados para exigir el estricto cumplimiento de la normativa en materia de incompatibilidades por parte de los altos cargos del Gobierno, tras su cese en la función pública. Iniciativa, en este caso, motivada por las noticias de determinados encuentros de ciertos políticos retirados de visita de negocios en Malabo.
[53] Sin embargo, no pude llevar a cabo ningún experimento práctico del funcionamiento del principio de aquiescencia pactada, aunque profundicé en sus aspectos teóricos y redacté varios modelos de procedimiento PF. Tampoco tuve ocasión de analizar cómo opera en la realidad el principio de cohabitación cooperativa que subyace a esa nueva dimensión de los procesos asociativo-decisionales, ya que no se produjo ninguna activación direccional en los experimentos realizados.
[54] De hecho, en todos los escritos dirigidos a los diversos organismos de las Administraciones públicas en el ejercicio experimental de esta función de I+C se incluía la siguiente o similar coletilla: "Se hace constar que, tanto este escrito, la respuesta a esta iniciativa ciudadana y las eventuales acciones derivadas de las mismas, formarán parte del material didáctico experimental de los ejercicios de observatorio ecociudadano

que se promueven en el seno del Proyecto INTER/SUR". En los últimos, ya con más precisión, se indicaba que se trata de una "iniciativa ecociudadana de participación fraccionada, que se lleva a cabo, con carácter piloto, en el ámbito de un proyecto de investigación no gubernamental, de ingeniería política y social, autónomo, plural y sin ánimo de lucro que, desde 1996, desarrolla un amplio conjunto de actividades para el diseño y la implementación de un nuevo modelo de intervención ciudadana en los asuntos públicos: el Modelo de Participación Fraccionada (MPF). Su objeto, pues, no es llevar a cabo una investigación privada con respecto a este asunto, sino ensayar nuevas técnicas de participación ecociudadana en el control, en el caso que nos ocupa de... En este sentido se informa que las gestiones realizadas hasta ahora, este escrito y las actuaciones que puedan derivarse del mismo, formarán parte del material didáctico experimental de los ejercicios de observatorio ecociudadano que se promueven en el seno del Proyecto INTER/SUR".

[55] El sitio web del Proyecto INTER/SUR apenas ha alcanzado las 50.000 visitas desde que se inició su publicación en Internet, a finales de 1999.

[56] El caso más llamativo, pero no el único, ha sido el del ex-Presidente de la Cámara Municipal de Mértola —Pulido Valente— y otras personas y colectivos en el asunto Bajo/baixo Guadiana, que a pesar de haber asistido a un seminario específico sobre el funcionamiento de dicho observatorio de I+C optaron por actuaciones —descalificaciones públicas, intentos de represalia, actos institucionales de reprobación y censura, etc.— más acordes con su talante político fascistoide. Otros no le han ido a la zaga como, por ejemplo, el ex-alcalde de Lepe, ex-senador y diputado al Congreso —Oria Galloso—, en el caso del Observatorio Ciudadano de Control Municipal www.lepero.com o la ex-Directora de la Sede de la Rábida de la Universidad Internacional de Andalucía, en el asunto Observatorio UNIA.

www.ingramcontent.com/pod-product-compliance
Lightning Source LLC
Chambersburg PA
CBHW031621210526
45464CB00004B/1687